JN305778

新事業とイノベーションにおける知財の活かし方

MOT視点での
知財マネジメント実践講座

出川 通(著)

社団法人 発明協会

はじめに

本書のねらいと概要

　知財（知的財産）は企業の未来創りやイノベーションに対して、どのような役割、貢献が求められ、またそれはどのようにすれば可能となるのでしょうか。

　本書では、このような問いに対して新事業展開に関連した実践的な知財マネジメントの戦略的な考え方、解決策を提供していきます。

　新事業戦略や知財戦略とリンクすることによって、知財マネジメントが企業の中で果たす役割はますます重要になっています。本書ではその内容を正面から捉えて、新事業、新商品を創り出す実践的MOT（技術経営）体系の視点で検討していこうと思います。この意味で副題を「MOT視点での知財マネジメント実践講座」としています。

　MOTとは、技術をもとにしてイノベーションのマネジメントを行い、新商品・新事業を創出するということです。従って、いわゆるプロダクト・イノベーションを指向する場合のMOT視点は、既存事業を中心とした成長・拡大経営の中では特に抜けていた部分であるともいえます。では急速に変化しつつある新しい経営環境の中で、いったい知財は、どのように企業（事業）の現在と未来に役立ち、コミットできるのでしょうか？

　本書の基本的なコンセプトはまさにそこに焦点をあてて、新事業創出に知財戦略やマネジメントが真に必要であることを明確に示すことです。言葉を変えると、開発・事業化の視点から知財の役割や価値、方法論を全面的に見直し、実践レベルで役立つように明確化したものだともいえます。

　本書の構成ですが、最初にイノベーション創出の基礎としてMOTの意味や考え方と、知財戦略や知財マネジメントとMOTとの基本的な関係を示していきます。次に現在の日本の製造業において起こっている付加価値構造の変化に対する知財の重要性の変化をわかりやすく述べます。ここまでがいわゆる導入部です（序章から第2章）。

　その後の本論（第3章から第7章）では、知財と実際の開発・事業化戦略と

の統合、その事業性の評価につながる考え方、知財価値評価のためのマーケティング手法などを実践的に解説していきます。

また新事業を促進するための知財の役割として知財・技術移転、アライアンスの重要性などいわゆるオープン・イノベーションとしていわれている他社や大学などとの連携についても触れていきます。

さらに本書では、読者に理解を深めて頂くために、各章末に復習のための「まとめ」と企業の現場における典型的な「Q&A」を付けています。また付録として、筆者が実際の開発・事業化コンサルティングの現場で使っている各種手法についても述べるなど、実務に役立つ情報を多く盛り込んだ構成をとっています。

本書の想定読者

本書の読者としては、まず新規事業にかかわりを持つ、広い意味での知財関係者を想定しています。その多くの方は企業内の知財（本）部のマネージャーや担当者ですが、産学連携や技術移転の関係者も含んでいます。一方では研究開発部門の企画担当者、研究開発者、事業部における開発・事業化に関係する多くの技術者、経営企画や新事業部門の方々も対象としています。また本書は、大企業だけでなく、中小企業・ベンチャー企業などでの新規事業の創出やイノベーションの実現や知財の仲介に関心を持つ弁護士、弁理士、会計士、税理士、経営学修士（MBA）、中小企業診断士、技術士、アドバイザーなど多くのプロフェッショナルの方々にも実践的に参考になることを願って作成しました。

2011年盛夏

㈱テクノ・インテグレーション代表取締役

出川　通

目　　次

はじめに……………………………………………………………………… i

序章　知的財産とイノベーション、新事業創出……………………… 1
　　1．イノベーションと新事業の視点は未来…………………………… 1
　　2．MOTとイノベーションの意味とは ……………………………… 2
　　3．見えない未来への道を共有化し担保する知財…………………… 3
　　　序章のまとめ……………………………………………………… 4
第1章　新事業のためのMOTと知財マネジメントの基礎……………… 7
　　1．知財戦略創りに役立つ4つのステージ…………………………… 7
　　2．MOTの各種のキーワードと知財 ………………………………15
　　3．各ステージの中の実践的知財マネジメント………………………17
　　　第1章のまとめ……………………………………………………21
　　　＜第1章　Q＆A＞………………………………………………22
第2章　日本の知財と製造業の環境変化…………………………………29
　　1．知的財産とプロダクト・イノベーション…………………………29
　　2．日本の知財立国と知的財産基本法…………………………………32
　　3．日本のものづくりの付加価値とハイテク技術……………………35
　　　第2章のまとめ……………………………………………………39
　　　＜第2章　Q＆A＞………………………………………………40
第3章　新事業創出への知財マネジメントと知財ロードマップ………45
　　1．企業経営における知財の重要性……………………………………45
　　2．知的財産の事業性価値の基本的考え方……………………………51
　　3．知財ロードマップと知財の棚卸し…………………………………56
　　　第3章のまとめ……………………………………………………62
　　　＜第3章　Q＆A＞………………………………………………63
第4章　知財関係者が知っておくべきテーマ・マーケティング………67
　　1．知財マネジメントや知財評価のためのマーケティングの
　　　　考え方………………………………………………………………67

2．マーケットのカテゴリー分けとベネフィットの把握……………71
　　3．知財の事業性評価に必要なマーケティング・プロセスの実際……75
　　　第4章のまとめ………………………………………………………81
　　　＜第4章　Q＆A＞…………………………………………………82
第5章　知財マネジメントとオープン・イノベーション……………87
　　1．オープン・イノベーションと各種アライアンス………………87
　　2．研究、開発から事業化ステージでのアライアンス・連携のあり方
　　　（大手企業の視点）…………………………………………………93
　　3．中小・ベンチャー企業側における知財マネジメント…………97
　　　第5章のまとめ………………………………………………………105
　　　＜第5章　Q＆A＞…………………………………………………105
第6章　産学連携と技術・知財移転、ライセンス契約の考え方……109
　　1．知財にかかわる産官学連携の考え方の本質……………………109
　　2．技術移転と知財移転………………………………………………115
　　3．ライセンス契約と知財マネジメント（知財の移転契約、TLOの
　　　役割など）……………………………………………………………121
　　　第6章のまとめ………………………………………………………128
　　　＜第6章　Q＆A＞…………………………………………………129
第7章　MOTが求める知財人材とその役割……………………………131
　　1．イノベーションにおける起業家精神の重要性…………………131
　　2．知財人材はサポーターからメインプレーヤーへ………………135
　　　第7章のまとめ………………………………………………………137
　　　＜第7章　Q＆A＞…………………………………………………138
終章　まとめと提言………………………………………………………143

付録…………………………………………………………………………153
　　1．知財（特許）の事業性評価手法（TIG法の概要と応用）………153
　　2．フェルミ推定法による知財（特許）のマーケット規模推定例……158
　　3．ビジネスプラン（BP）において必要な技術要素の意味と知財
　　　マネジメント例………………………………………………………161

謝辞……………………………………………………………… 163

参考文献………………………………………………………… 165

序章
知的財産とイノベーション、新事業創出

■1．イノベーションと新事業の視点は未来

　イノベーションの実現とは、企業においては新事業を成功させるということです。すなわち企業において顧客価値を生む新商品を出して付加価値のある事業にしていくという「未来のもの創り」のことです。しかし未来に対応した技術は未完成であり、顧客もまだいない状況で、どうやって研究を進め、開発成果をどんな商品にしたらよいのか？これは大変困難な課題であり、実際のところ担当者は分からないで悩みぬく場合がほとんどです。

　一方では、多くの日本のメーカーには過去の成功体験があり、各企業では技術の蓄積は十分そろっているとの思いも強くあります。いわゆる伝統のある一流企業（＝大企業、大組織）ほど、既存製品の生産（プロセス）技術への依存体質が強く、そのために高品質で低コストの「もの」を造り出すことは得意でも、新しい商品や事業を創りだすという付加価値の変化（いわゆるプロダクト型のイノベーション）への対応には極めて脆弱な傾向があります。

　このような中で日本では2002年に「知的財産立国」宣言を行いました。これは、日本の製造業が再浮上するためには、プロセス特許（製造技術）主体の「特許」から「知財」という衣替えを行うことで顧客寄りの付加価値（顧客価値）を確保することが必要となったことを示しているといえます。

　では、広範な知財を確保しさえすれば今後の日本においてビジネスに成功で

きるのでしょうか？本書ではこの問いに答えるために、まずは日本における事業環境変化について検討します。それを踏まえて新事業創出、すなわち企業におけるイノベーションの実現に必要な知財の役割とその実践についての考え方（知財戦略）、それに対応したマネジメント手法（知財マネジメント）について説明していきます。そこでは未来を直視した戦略立案やオープン化などの創造的、革新的な MOT の考え方が基本となっています。

別の言い方をすれば、研究・開発成果をもとに新商品・新事業を提供するという MOT 視点と知財マネジメントとの密接な関係を時系列的に理解していくことで、イノベーションに必要な知財マネジメントとは何かを明らかにしていきます。企業が新しいことを行い事業として成功するためには、自分たちの未来の行き先を他社に先立って見出していく先見性と、物事を中長期的かつ臨機応変に考える柔軟な論理性と計画性が大切です。これは物事を過去の成功体験の延長ではなく未来の視点で整理する能力ともいえるでしょう。

2．MOT とイノベーションの意味とは

MOT とは Management of Technology の略語で、日本語では「技術経営」と訳されています。これは Management が一般には経営と訳されているところからきたようです。余談ですが、かつてマネジメントに「管理」という訳語を当てることもありました。しかし、いわゆる管理については Administration が該当しますので、その意味が違うことに注意が必要です。

日本では2002年ころから5年間にわたり、経産省の肝入りで「MOT（技術経営）の推進」がなされたため、20以上の大学、大学院に各種の MOT コースが生まれました。当時その内容は、技術者に経営学を教えればよいとか、ベンチャーを創ったり産学連携をすることだとか、一方では、生産管理を強めることなどと広範囲に解釈されていました。そのため一部には誤解もあり、混乱していましたが、現在ではその当初の意図である「技術をベースにしたイノベーションのマネジメント」、すなわち企業における利益の出る新事業、新商品の実現と

いう方向に収束しつつあります。
　一方、「イノベーション」という言葉は、オーストリアの経済学者シュンペーター (Schumpeter) によって、初めて定義されました。彼はイノベーションの実践例として、創造的活動による新製品開発、新生産方法の導入、新マーケットの開拓、新たな資源（の供給源）の獲得、組織の改革などを挙げています。つまりいろいろなものを組み合わせて新しい仕組み、アイデアで社会的意義のある新たな価値を創造するという広い意味を持たせています。
　また、いわゆる企業家（アントレプレナー）が、既存の価値を破壊して新しい価値を創造していくこと（創造的破壊）が経済成長の源泉であるとも述べています。本書ではイノベーションを、冒頭に述べたように、企業において技術を主体とした革新により新商品、新事業を生むことと単純化した意味で用いています。

3. 見えない未来への道を共有化し担保する知財

　新しい商品を開発し事業を起こしていく場合に必要なのは、未来を見通す視野と実践力です。
　しかし、この時に参考にできる技術開発成果やデータは過去のものです。多くの技術者はそのデータをもとに未来を類推しようとして、その不確定・不確実さ故に途方に暮れることになるのです。
　知財権を確立する目的は、すなわち新しい事業の未来の権利を確保することです。不確定な未来において新しい事業が成功する確率を高めるため、新しい事業の競争力の源泉となる、いわゆる「差別化技術」（知財）をいかに可視化して「事業戦略」と結び付け、かつ戦力化(権利化)するかがポイントとなります。このことが知財を防御としてだけではなく、攻撃のコアとして考える、すなわち企業におけるイノベーションのコアと位置付ける理由です。
　ここで、少しMOT視点での方法論を説明します。実際のMOTの進め方は市場と技術の未来の姿（商品、事業）の仮説構築を行い、その後は仮説内容の

検証と修正作業を繰返すことになります。特に不確定な未来に向かって事業化を進めるときには、将来像（ビジョン）の設定や達成（ゴール）までの進め方（ロードマップ）の策定の必要性があります。その中で、知財は未来の競争力を発揮するパワーの源泉として位置付けられます。

すなわち事業における新製品・商品の未来像イメージと知財のもつ潜在・顕在のパワーが大きくリンクしたとき、より確実で期待の持てる未来が見えてくるのです。言い方を変えれば、「過去・現在の知財をベースに既存事業の競争力を確保」していくことから、「新事業を担保する知財の確保と創出」という考え方へと進化していくことになります。

以上の考え方は、知財部門のスタッフ、知財の創出を実際に担当する研究開発者、および各種の知財づくりを命ずる経営者、さらに知財を使って製品や新しい事業開発を行う担当者などが互いに共有化すべきイメージといってもよいでしょう。

■序章のまとめ

（1）新事業展開とイノベーションの基本は技術と知財
イノベーションの成功確率を高めるために、将来役に立つ未来の技術をあらかじめ知財として確保することで、将来の道筋が描けます。

（2）MOTの視点と知財マネジメント
MOTの視点では不確定な未来に対して、市場と技術をベースに事業仮説を構築し、検証することが必要です。このようなMOTの視点と知財マネジメントを一体化することで新しい事業化の成功確率は向上します。

（3）知財の位置付けと役割イメージの共有化
新事業やイノベーションを成功裏に進めるためには、知財の位置付けと役割についての考え方（イメージ）を知財関係者、経営者、事業推進者、研究開発者

が互いに共有化することが重要です。

第1章
新事業のためのMOTと知財マネジメントの基礎

　本章では、MOTと知的財産が新事業にどのように役に立つかということをより具体的に示していきます。そのためMOTの基本的な考え方であるステージごとのマネジメントの違いを述べます。そこでは各ステージと知財マネジメントをリンクさせることが重要ですが、MOT視点でステージごとに知財マネジメントの手法が異なることを理解するのがポイントとなります。

1．知財戦略創りに役立つ4つのステージ

(1) 4つのステージと各ステージでのマネジメント方法
　新規事業においてイノベーションを起こす場合には、技術をマーケットニーズと関連付けて、製品化と商品化を順次進めていく必要があります。その過程を時系列的に4つのステージに分け、考え方を整理してみましょう。
　ここでは、技術シーズをつくりだす「研究ステージ」、製品をつくりだす「開発ステージ」、製品を付加価値のある商品にする「事業化ステージ」、さらに工場で量産する「産業化ステージ」という4つのステージを設定します。これは新事業創出のときのマネジメント体制の変化として考えやすいだけでなく、知財マネジメントの最適化を考えるのにも適しています。
　それぞれのステージで知財に関する具体的なアクションを全体の流れと関連付けることにより自らの立ち位置が考えやすいからです。この4つのステージの「研究」と「開発」の両者の境界にある障壁を「魔の川」と呼び、また、開

発によって製品を作ったけれど商品にならないという、「開発」と「事業化」との間の障壁を「死の谷」と呼んでいます。それぞれの障壁を乗り越えるステップをマイルストン（途中目標）としてイメージすると、それらのステージの流れとポイントがさらに分りやすくなります。

　ここでは研究から開発を経て事業化に至る３つのステージを中心に、イノベーション実現に向けてどのようなマネジメントをするのかを検討していきます。
　従来から、研究と開発のステージは、いわゆるＲ＆Ｄマネジメントの範囲とされています。その後の事業化から産業化に移行するところにあるという「ダーウィンの海」を越えるところは、経営学（MBA的考え方）の範囲になっています。開発から事業化にいたるところまでが狭義のMOTの範囲です。その全体のイメージ像を知財マネジメントの範囲と合わせて図１－１として示してみました。
　４つのステージはマネジメント手法や進捗状況での必要度に応じて、さらに

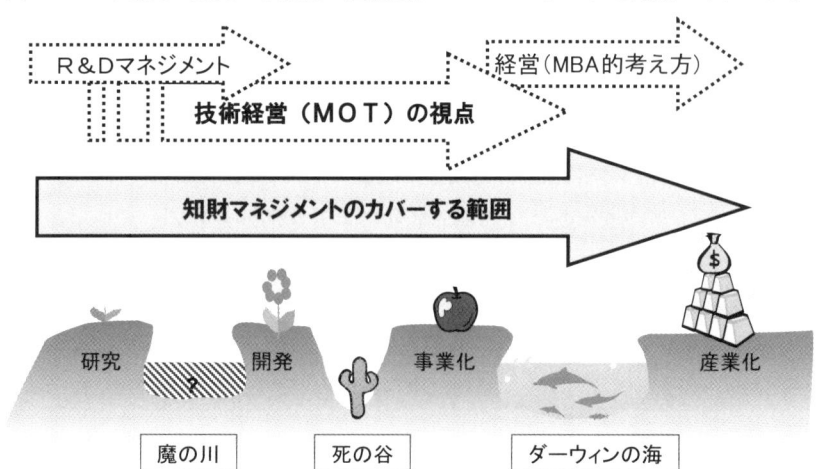

図１－１　「研究・開発・事業化・産業化」の４つのステージと知財マネジメント

細分化していくことも可能ですが、あまり細分化すると重要な論点が分かりにくくなるので、ここでは４つのステージとして話を進めます。新事業やイノベーションを考える場合の主体は前述の通り前半の３つのステージで、研究から開発のステージに移行する障壁となる「魔の川」と、開発から事業化のステージに移行する障壁となる「死の谷」の話が中心になります。

(2) MOTの事業化への４つのステージの内容と知財とのかかわり

　研究開発から事業化・産業化への４つのステージの中で、事業化までの内容を簡単に紹介します。図１－１の通り、知財マネジメント自体は４つのステージすべてに関係しますが、知財についての戦略を考えたりマネジメントを行うという視点からは、その対象がどこのステージのものかをよく検討することが大切です。以下にそれぞれのステージについて、知財と強い関係があるポイントを中心に示してみました。

①研究ステージ

　技術シーズ探索とそのシーズ発明のステージです。事業化へのベクトルをそろえる必要があるものの、基本的には発散型のマネジメントです。費用も後のステージの開発、事業化ステージに比べると相対的に安くすみ、企業では研究部門が担当している場合が多いといえます。このステージでの知財マネジメントは主に以下の技術シーズの発明（創出、発掘）と権利化を担います。

　a．将来事業の技術となる基本コア特許の先行確保
　b．研究を大学に任せて大学内（大学院、研究所など）の協力を仰ぐ（研究委託、共同研究）
　c．大学などの研究機関による原理の解明と基盤技術固め（研究委託、共同研究）

②開発ステージ

　発明（創生）した技術をもとにして製品開発を行うステージです。開発では

マーケティングにより捉えたニーズ（製品ターゲット、開発テーマ）を目標にした収束型のマネジメントが必要です。また開発に必要な費用は研究ステージの数倍～10倍のレベルまで上がります。

　企業では開発部門が担当しますが、開発活動を発散する作業としないために、マーケットニーズを意識した適切な収束への取り組み（マネジメント）が必要となります。

　しかし、ここで注意が必要ですが、このステージでの知財マネジメントは収束的ではありません。将来の事業のリスクヘッジのために、開発目標周辺のアイデアと次期商品関連のさまざまのアイデアの発掘と権利化の準備を下記のように幅広く行うことが必要となります。また同時に開発目標周辺の知財の抵触調査も行います。

　a．製品の絞り込み・技術仕様の明確化
　b．他社を含めた既存技術の全面利用の開発プロジェクト体制の構築
　c．マイルストン型マネジメントと技術者によるマーケティングの実施
　d．異業種企業などとの商品開発・製造などの幅広い協力関係確保
　e．実績のある開発型中小企業を中心とした技術移転(受入)・アライアンスの実施

③事業化ステージ

　実際に顧客に開発した製品を売ることによって顧客を特定して、場合によっては利益も出すステージです。製品はここでは商品となり、下記のように広い顧客や部門を対象にした発散型マネジメントおよび社内各部門の調整マネジメントが必要になります。費用や売上も開発ステージのレベルの数倍から10倍のレベルになってきます(このことがしばしば資金不足による「死の谷」を生むのです)。

　他方、知財は活用が見えてくる段階に入ってきて、価値イメージが明確になってきます。その一例として知財の重要な役割の1つである独占・差別化だけの価値ではなくアライアンス相手の獲得手段としての価値などもはっきりと見え

てきます。
 a．顧客ニーズによる品質・仕様の迅速な改良と向上
 b．顧客ニーズに対応し、顧客確保に役立つ応用特許などの知財の創生と権利化
 c．開発と営業、工場の一体展開
 d．新規製品の営業・マーケティング経験が重要
 e．コーポレートベンチャー、分社などの体制による独立意識（起業家精神）の醸成
 f．事業化アライアンス候補との知財バランスの精査

　この次には産業化ステージがありますが、ここでのマネジメントは従来からのビジネスの範疇でのマネジメントや管理となります。すなわち産業化ステージでは、マーケットの内容とサイズが明確になって工場生産や営業でのビジネスが展開します。もはや技術マネジメントというよりは、競合に勝ち抜くための重点投資、工場での生産マネジメントと経営そのものの段階となっています。
　知財マネジメントに関しては、侵害対応やライセンスなどの法的処理、契約処理が中心となります。本書では事業化の初期・中期やイノベーションの時期の知財マネジメントに絞っていますので、ここでは詳しくは述べません。
　事業化ステージまでを中心としたそれぞれのステージでの内容を図１－２に示してあります。この図では４つのステージの前に事業にはかかわりの薄い「科学」というステージを設けてあります。大学の理学部などでの基礎的な発明・発見に関する特許には、実はこの「科学のステージ」の範疇のものが多く入っています。この本の中では、科学のステージも範囲外ということで議論を進めたいと思います。

（３）魔の川（研究、開発ステージ間の障壁）を渡る
　４つのステージを通してマネジメント形態の違いをイメージ化したのが図１－３です。

図1-2　事業化への各ステージとインベンション、イノベーションの範囲

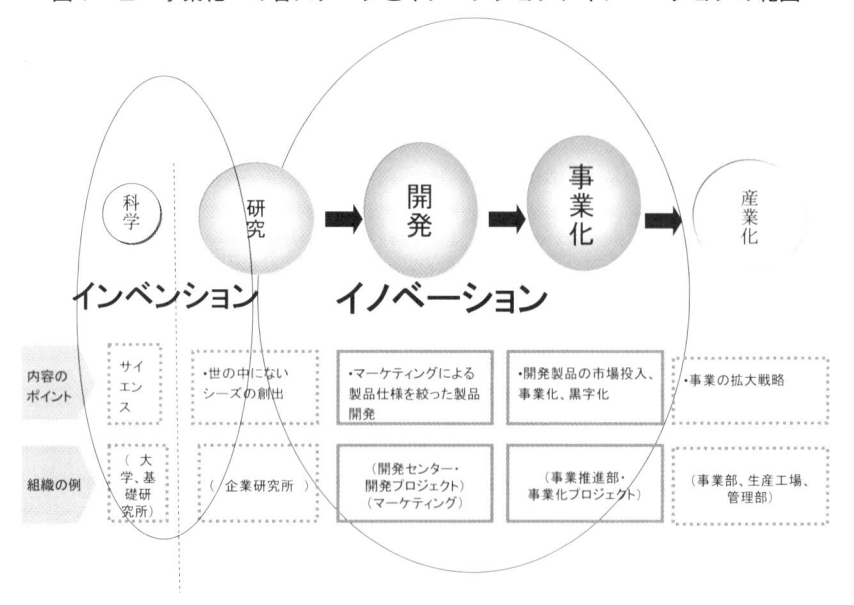

図1-3　研究・開発・事業化・産業化各ステージとマネジメントの特徴

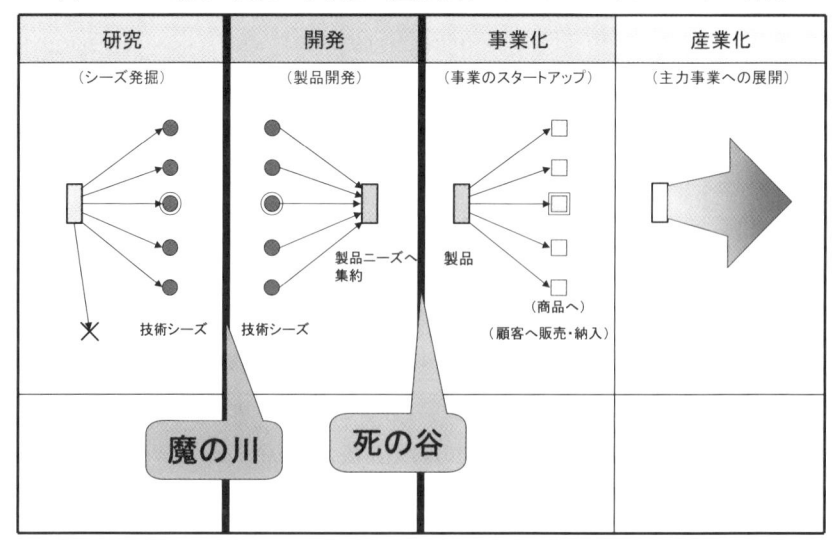

まずは、研究ステージと開発ステージの間にある「魔の川」という障壁について内容を検討しましょう。研究段階ではいろいろな新しい技術シーズを見つける努力をしながら、あちこちと探索を繰り返すことになるのでマネジメント形態としては発散型になります。知財マネジメントの視点では、基本発明が生まれる可能性が高いステージといえます。

　一方、開発段階になると顧客のニーズに合わせて作成した製品仕様に絞り込みます。一定の時間内に完成させるため、マネジメント形態は収束型になり、研究ステージとはマネジメントの手法が全く異ってきます。知財の視点でも、製品の完成をにらんださまざまな応用発明が起こる重要なステージともいえます。

　「魔の川」を渡るためにはこの両ステージの間でマネジメントの方法の切り替えが必要であるということになります。日本の伝統的マネジメント手法ではR（研究）とD（開発）が明確に区分けされていないため、責任者、マネージャーにもこの点があまり意識されていないのが普通であり、実務上研究と開発を分離するのが難しく混乱している例も多くあります。

　従来の改良型製品やプロセス技術主体の研究開発マネジメントとしてはそれでも良かったのですが新事業、新商品を狙うイノベーションをターゲットとする場合ではここを区別することが重要です。まずは、MOT、知財マネジメントいずれの視点でも「魔の川」を渡る前と後（研究の完了と開発のスタート点）でのマネジメント手法を切り替えることが大切です。

　知財マネジメントとしてはステージや障壁を意識して、基礎発明と応用発明を区分けするのはもちろんですが、特に次の製品開発につながる応用発明については、開発ステージでの発明奨励と権利化、活用などについて事業化へのリスクヘッジのために積極的にさまざまな手を打つことを考えておくことが必要となります。

（4）死の谷（開発、事業化ステージ間の障壁）を渡る

　「ものづくり」としてのプロセス・イノベーションが全盛の時代には技術的に

優れたものを作れば、ある程度コストパーフォマンスが良いものであれば、ほぼ確実に市場が受け入れて（買って）くれるのが一般的なビジネスモデルでした。つまり開発に成功すれば自動的に「製品」が「商品」となっていた時代が長く続きました。

ところが現在では、市場には物があふれて顧客の好みは多様化し、かつ流行の変化が激しいため、技術的に優れたものを作ってもなかなか売れず、また儲かるものができなくなってきたのです。ここではこのような製品と商品の間のギャップを「死の谷」と呼んでいます。

この「死の谷」を超えるのが難しい理由は、事業化ステージでは顧客がピンポイントで見つかりにくいことと、費用が格段に多くかかるようになってくるからです。製品化したものが、まだ売れるかどうか不確定な状況で、事業化には製品化の10倍もの費用が掛かるので、費用負担の面でも「死の谷」があるといわれるのです。

イノベーションの実現を阻む最大の障壁がこの「死の谷」ですが、図1－3に示した開発と事業化のマネジメントの違いを明確に意識し、適切なタイミングでマネジメント手法を切り替えることで「死の谷」を越えることができるのです。そのための実践的なポイントとしては開発ステージ後期においては組織内だけのやり取りから、顧客とのやり取りを大幅に増やすことなど、マーケティングの深化、強化が必要になります。

多くの企業、とりわけ既存事業の拡大に成功した大手の企業においては、技術開発は研究部門、製造は工場の生産部門、販売は営業部門という具合に無駄を省きながら効率的に分担してやってきましたが、新事業を遂行する場合にはこの分担方式だけではうまくいきません。

特に「死の谷」をはさんだ開発・事業化ステージにおいては、従来無駄とされていた部分が新事業の実務として数多く発生することが多く、効率化以前の問題となります。ここでは技術部門が自ら最終市場ニーズをよく見ること、逆に営業部門が新技術の製品化への可能性をよく見るという双方からのアプローチが必要となります。

知財部門もこれまでは自己完結的な組織として存在し、研究・開発ステージで生まれた発明を単純に権利化に向けた処理をしていればよいと考える場合も多かったようです。その背景として、効率化のため、専門的組織の独立を是とする考え方と、「優れた技術＝事業に有効な特許」という暗黙の了解があったためだと思われます。

　しかし、これからの知財戦略はそのように単純な図式では役に立たず、知財で新事業が将来の成功を得るようにいかにヘッジするかという考え方を取ることが必要です。このため、知財マネジメントも事業全体を見ながら先に手を打つということが必要になります。知財関係者も事業全体や市場をもよく理解しておくことが大切です。

2．MOTの各種のキーワードと知財

　MOTでよく使われる重要なキーワードと知財はどう関係してるのかを説明していきます。既に述べたように、従来のパラダイムでは、技術的に優れた製品さえあれば市場に売れるというのが製造業の常識であり、企業では事業戦略と知財を統合するような検討はほとんど必要性がないと考えられていました。

　まして、知財は技術部門の中の独自性の強い因子の1つとして考えられていて、事業とのかかわりでは直接的な関連性が薄いとのイメージが強かったといえます。

　しかし新しいイノベーションベースでのもの創りにおけるMOT視点で（不確実性を乗り越えていくに）は、技術と事業を結び付ける具体的なマネジメントの種々のツールが必要になります。

　例を挙げると開発のためのプロジェクト・マネジメント、ハイテク技術と製品のマーケティング、アントレプレナーシップ（企業家精神）の発揮、ベンチャーの創生と運営、産学・産産などの連携やアライアンス、不確定な中でのリスクマネジメントなどです。もちろん、知財の保護と活用はその中の基盤となる重要なポイントです。

一方では、既存の組織のままでのイノベーションの実現には幾多の困難が伴います。すなわち確立された既存の組織は既存事業に対して最適化された組織であるため、新規事業を実行するには根本的な困難が伴うのです。新しいことを行うには新しい組織体が必要となります。そのために、外部との役割分担が必要になり、研究は大学や研究機関と、開発はベンチャーなどと一緒に取り組むことがよく行われます。

　イノベーションを目的に外部機関と組むことを MOT ではオープン型のイノベーションといいます。ここでの知財はそれぞれの組織体を横断的につないだり、技術の持分や権利範囲等を調整するためになくてはならない重要な存在となります。すなわち、知財はオープン・イノベーションによってアライアンスを構築するための、経営全体に大きな影響与える重要で決定的な要素になります。オープン・イノベーション自体については第 5 章で詳しく示していきます。

　新事業創出という場面では、知財の存在価値は特に大きなものがあります。

　MOT 視点では、イノベーションの成功のためのキーワードとして、ベンチャーの活用、産学連携、知財の活用などが断片的に取り上げられることも多いのですが、1 つのキーワードだけを取り出して論じるのはあまり意味がありません。例えばベンチャーさえ作ったら、あとは何とかなるということではありません。知財についても同様で、知財部門さえ充実させればよいというものではありません。

　これらのキーワードはそれぞれが複合的、有機的につながっていてこそ価値を生み、イノベーションの達成に向けて効果的に働くことになるのです。

　MOT 全体でのキーワードとその相互のつながりの関係をイノベーション全体を俯瞰してまとめたのが図 1 - 4 です。キーワードのいずれもが、新しいものを創造するために、従来の環境をいかに遮断して、仮説構築と検証というサイクルを早く行うかというイノベーションの方法論を整理したものであるともいえます。

　この中で知財については特にアライアンス構築戦略の極めて重要な要素となります。また当然ながら、技術の確保、保護、創出に関連して、またロードマッ

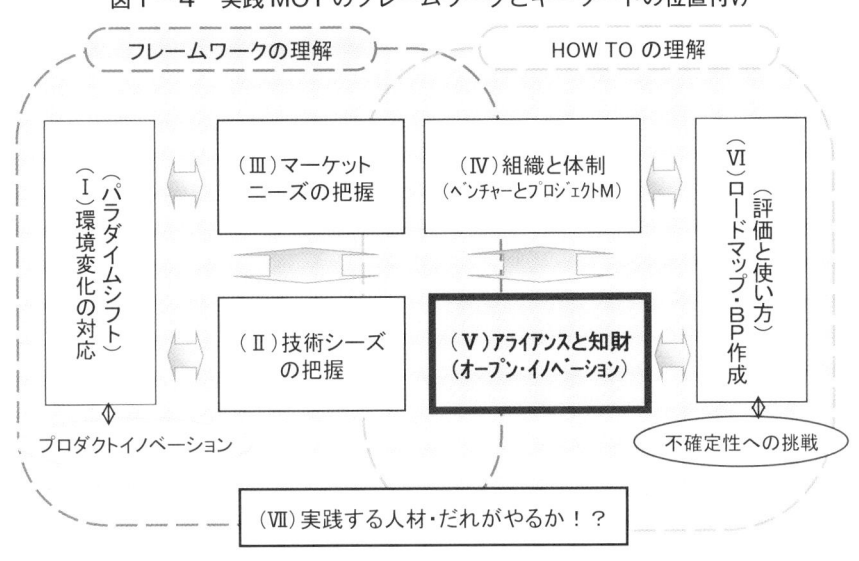

第1章　新事業のための MOT と知財マネジメントの基礎

図1-4　実践 MOT のフレームワークとキーワードの位置付け

プ(RM)やビジネスプラン（BP）の策定に関連しても知財は未来のビジネスを占うという意味で重要な要素になっています。

3．各ステージの中の実践的知財マネジメント

各ステージでの事業化への戦略的視点での、知財マネジメントはどうなっているかを具体的に考えてみましょう。知財戦略、知財マネジメントの役割というものは、研究ステージや産業化ステージでは従来の延長線上にあるので分りやすいのですが、新事業を創るための開発や事業化ステージでは新しい発想が大切になってきます。

(1) 事業化のための各ステージと知財マネジメントとの関係

研究ステージでは発明の権利化、産業化ステージでは権利侵害への対策とライセンスの契約というのが一般的にいわれる知財部門の役割です。一方、開発・事業化のステージにおける知財の役割はあまりないと考えられていたのが

実情です。このイメージを図1-5として示しています。

　しかし、新事業創出を目的とした場合には、開発ステージと事業化ステージのところに極めて重要な潜在的な知財の付加価値が存在する可能性が高く、場合によっては新事業の成否を決めるということにもなります。

　すなわち、知財面でもこれまで対応していなかったこれらのステージにきちんと対応（マネジメント）することで、継続的に競争力をつける源泉となる可能性があることを示しています。この点を見極めるために以下に開発と事業化の両ステージでの知財活動をあらためて検討します。

①**開発ステージでの知財マネジメントとアクション**

　開発ステージでは製品を完成させるために、そのマネジメントのやり方はあくまでも収束型であって発散型ではないということです。もし発散させてしまうと、ある限られた期間内での製品開発の完了が難しくなるからです。

　しかし、知財に関してのマネジメントの考え方は開発のそれとは全く違うといってよいでしょう。開発ステージに出て来たアイデアはむしろ発散させ、関連する周辺発明として押さえていくべきです。また、この段階で侵害関係を調

図1-5　知財の・人からみたこれまでの役割（研究と産業化のステージが主力）

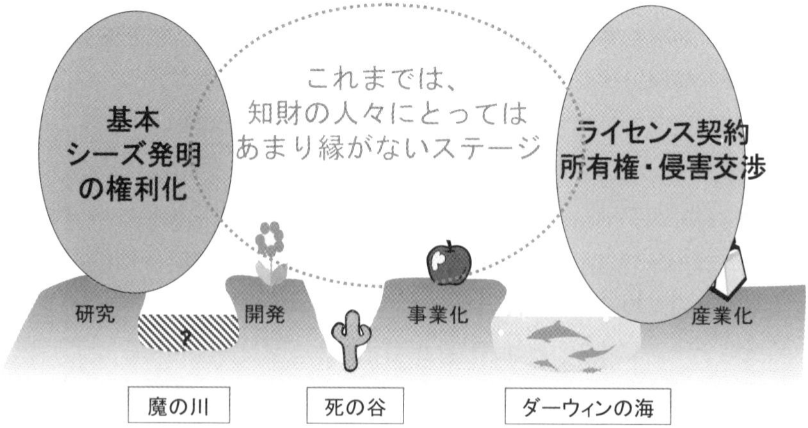

査することも必要です。別の言い方をすると、開発ステージにおける知財の実務では、個別の開発者の頭の中のさまざまのアイデアや可能性をうまく掘り起こし、知財マネジメントの対象として取り込んでいくことになります。これが将来において事業化マネジメント上のリスクヘッジとして、現実に重要になってきます。

もう1つの知財マネジメントの重要な役割は開発のスピードアップに関する貢献といえます。他社に先駆けて、将来の実施態様の変化をカバーし得るアイデアや技術をきちんと権利化の対象とすることで、他社との連携(アライアンス)が容易になり、開発のスピードアップが実現し、さらに新事業の力強い展開と拡大再生産ができるベースが形成されるのです。

このように開発ステージでの知財マネジメントの強化により、新事業の成功の確率を各段に向上させることができ、このことがまた技術者のモチベーション維持にもつながっていくと考えています。

②事業化ステージでの知財マネジメントとアクション

このステージでは顧客に実際に開発品を説明し、顧客のニーズ、意見、批評を聞き出すことを繰返しながら、製品を商品に仕上げていきます。製品が完成し、実際に事業化に向けて乗り出してみると、自社だけではとても商品化に必要なコストダウンができそうにないとか、マーケットでの主要顧客への売り込みが難しいとかいろいろな解決すべき課題が発生します。同時にマーティングを通じて、顧客からいろいろな情報、アイデアを収集しなければなりません。これらはすべて商品化にとって必要なものだからです。

また、このステージではアライアンスとして種々の提携先を獲得することが可能となってきます。新製品を特に顧客側からみて、必要最小限の項目や仕様に絞り込むことができれば、その実現のために必要ならばアライアンスにより事業化を加速することが可能です。

開発・事業化のステージにおいては、将来の事業展開、商品展開の方向性、可能性をうまく知財化、権利化してマーケットサイドの可能性を押さえていく

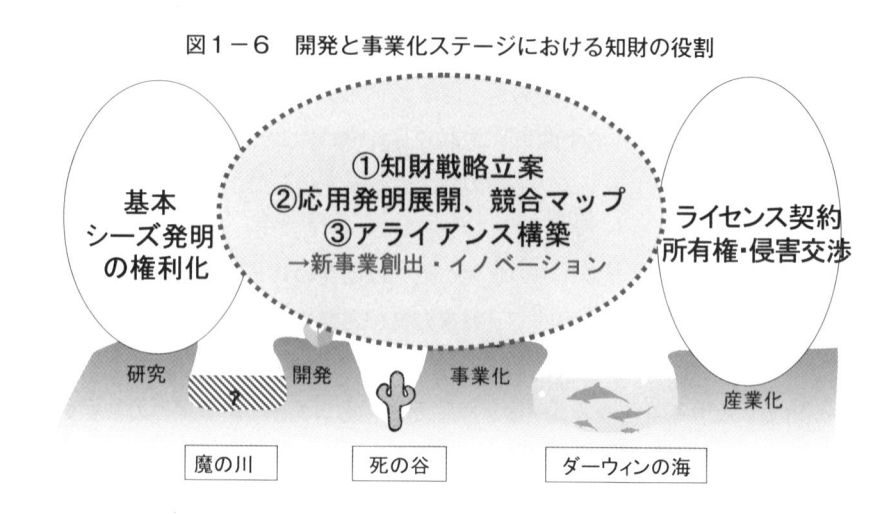

図1−6　開発と事業化ステージにおける知財の役割

基本シーズ発明の権利化

①知財戦略立案
②応用発明展開、競合マップ
③アライアンス構築
→新事業創出・イノベーション

ライセンス契約
所有権・侵害交渉

研究　魔の川　開発　死の谷　事業化　ダーウィンの海　産業化

こと、および最適なアライアンスを形成することで、トータルで強い知財権に守られた競争力のある事業の展開が可能になるのです（図1−6参照）。

　また研究から開発、事業化、産業化ステージの各ステージにおけるそれぞれの知財マネジメントのイメージを図1−7に示しました。この図では開発と事業化の両ステージでの知財マネジメントは、共に発散型としてさまざまな不確定性を乗り切るためのリスクヘッジ型（未来対応型）となっています。

　以上のMOT視点の考え方と知財マネジメントのマッチングは極めて重要であり、まずはここだけでも理解していただければ本書の目的はある程度達せられると筆者は考えています。

図1-7 事業マネジメントと知財マネジメントのイメージ推移

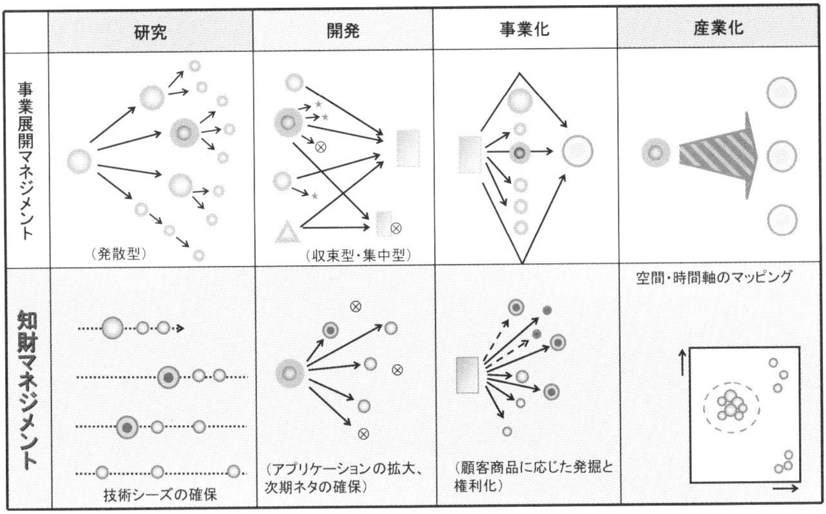

	研究	開発	事業化	産業化
事業展開マネジメント	（発散型）	（収束型・集中型）		空間・時間軸のマッピング
知財マネジメント	技術シーズの確保	（アプリケーションの拡大、次期ネタの確保）	（顧客商品に応じた発掘と権利化）	

第1章のまとめ

（1）イノベーションのプロセスとしての4つのステージ

　研究、開発、事業化、産業化の4つのステージと各ステージ間の障壁を設定すると考えやすくなります。それぞれのステージの間の障壁を「魔の川」、「死の谷」、「ダーウィンの海」と呼び、それぞれのステージで知財の果たす役割は変化することを認識することが重要です。

（2）MOTのキーワードと知財の役割

　MOTでは環境変化や技術、市場などのフレームワークの理解と、産学連携、ベンチャー組織、アライアンスなどの方法論がキーワードとなります。知財はそれらすべてに関係する重要な基盤的ツールと位置付けられます。

（3）開発・事業化ステージでの知財の役割

　旧来のプロセス・イノベーションのパラダイムでは、知財マネジメントは開

発・事業化ステージではあまり活躍の場がありませんでしたが、今後はこれらのステージにおいてもアライアンス獲得と事業化へのリスクヘッジの目的で知財マネジメントが極めて重要となります。

＜第１章　Q＆A＞

（１）MOTの考え方と知財マネジメント全般に関する質問

> **Q**：本書で紹介されているMOTの考え方は、オーソドックスなものですか？　それとも筆者オリジナルのものでしょうか？　昨今、知財は事業のためにあるという標語が喧伝されながら、MOTの考え方を取り入れた知財マネジメントがなかったのはなぜでしょうか？

A：MOT（Management of Technology）の考え方というのは、日本の中で解釈に幅があるようです。特に和訳で「技術経営」と訳されたので、技術と経営を結び付ければすべて技術経営であるという短絡的な考えもあって、過去の極端な例では、技術者にひたすら経営学を教えることが「技術経営」という考えもあったようです。また、さすがに最近は少なくなったのですが広範な技術のマネジメント全体として考えてしまって、生産技術管理、品質管理、技術や商品規格なども含めて捉えた場合もあったようです。

　筆者はMOTを文字通り「技術のマネジメント」の中で「新事業の創出、すなわちイノベーションのマネジメント」として、言葉を変えると「イノベーションの実現のための技術のマネジメント」に限定して用いています。つまり技術（研究開発成果）をもとにした、新商品・新事業を創出するためのマネジメントとして捉えています。

　一方、前述したように、もしMOTを「経営」全般や「技術」全般として捉えると、範囲が非常に広くなってしまいます。筆者は知財マネジメントについてもイノベーションのマネジメントにかかわる知財マネジメント、すなわ

ち企業では「新事業創出と成功（付加価値確保）のための知財マネジメント」と考えていますので、MOT でいう主に開発、事業化のステージが対象になります。このため本書では、既存事業の研究や産業化のステージでの知財マネジメントについてはほとんど言及していません。

　MOT の捉え方は上述したとおり独自なものではありませんが、扱う範囲が明確なことが特徴です。未来のイノベーション実現のためのマーケット、技術は極めて不確定ですが、イノベーションの実現のためにこの不確定性をいかに克服して計画を前進させるかが MOT のポイントです。

　知財マネジメントの重要性については、昨今は経営全体と関係付ける議論が多くなってきたように思われますが、事業化の立ち上げ等の初期が重要であるにもかかわらず具体的にどうあるべきかの議論はあまり行われていないように思われます。

　新事業創出すなわちイノベーション実現のためというのは知財マネジメントの本丸ですが、知財マネジメントの概念が広がり過ぎたり、自己目的化しないように、MOT の考え方を用いて知財マネジメントのあり方を掘り下げてステージ別で検討し再構築するという手法は、案外新しいのかも知れません。

（2）開発、事業化ステージの知財マネジメントの勘所

> Q：不確定性の高い開発ステージや事業化ステージでの知財マネジメントを行うとき、将来の事業展開のリスク軽減のためにリスクヘッジを行う必要性があることは理解できるのですが、現実には何らかの制限を課したマネジメントを行わないと、実務的には発散してしまうと考えられます。これについてはどのようにお考えですか？

A：MOT の難しさは、開発ステージにおいては技術の不確定さ、事業化ステージにおいては市場の不確定さを乗り越えて、さまざまな試練を企業家精神で

試行錯誤をしながら果敢に乗り越えることにあります。特に開発ステージでは、顧客視点での技術マネジメントの収束化の必要性により、本流から外れた開発アイテムや発想は取り上げられません。

しかし、ほとんどの開発が一筋縄でいかないことを考えると、その開発プロジェクトやベンチャーによる開発の技術マネジメントは収束させながらも、将来に向けてのリスクヘッジのために、次の手をいろいろと準備するという発散型の知財マネジメントが必要になるわけです。

しかし、ご指摘のようにどんどん発散させればよいというものではありません。ここのところの使い分けがまさにマネジメントのポイントとなるのです。そのための制限としては、例えば事業化の方向性を踏まえた制限、すなわち顧客の視点が十分加味されている事業化ロードマップを踏まえた開発ロードマップの範疇内での発散、さらにいうと事業化ロードマップに関連付けられている技術ロードマップの範疇内での発散が望ましいと考えられます。

逆にこのような事業や技術のロードマップのない状態での開発や事業化は極めて成功確率が悪い事業化プロセスといえ、その中でイノベーションの実現に向けた本来の知財マネジメントを行うことは困難といえます。なお、事業化ステージに関しても同じことがいえます。この場合は、市場をさらににらんだ事業（製品）ロードマップの範疇内での発散ということがポイントとなります。

(3) 新規事業創出、知財投資の意思決定のあり方

> Q：新製品、新事業創出の全体のマネジメントの意思決定のあり方、運営組織はどうあるべきですか？　他社技術の導入、開発ベンチャー等の活用、知財投資の規模、アライアンス等の決定はトップ・マネジメントとも関係し、かつ将来の困難な市場・利益予測に基づきリスキーで早急な決断を迫られるため、かなり困難で強い権限を必要とする職務と考えられるからです。

A：新事業、新製品創出のプロセス（本書ではイノベーションのプロセスといっています）は極めて多くの（技術、市場両面での）不確定性を持つものですので、全体方針や重要事項についての意思決定は、しかるべきリスクの取れる人（経営者）の専決事項となります。もしリスクが取れない人が何かを決めるということになると、リスクがない既存の市場と技術での展開として行われることになり、イノベーションの付加価値要素はほとんどなくなってしまいます。

イノベーションとは、このように多くの不確定要素を含むものですから、失敗を修正しながら先に進むという、試行錯誤の連続になります。このときの意思決定は組織の中で迅速に行われることが必要となります。このように、始める（終わる）、および重要事項の決断はトップの責任と権限、日々の決断は現場の小さな組織（ベンチャーや大企業の中のコーポレートベンチャーも1つの例）の長の全面的な責任と権限と、明確に分担して迅速かつ効率的な意思決定を行うシステムが組織の中で求められます。

これが、まさにMOTの組織マネジメントのポイントとなります。

大きなインテグレーションや技術集積を使う規模の新事業の場合、知財投資の規模も決して小さくはなく、また知財投資の失敗リスクも小さくはないので、その枠組みやスタート、ストップの決定は経営（トップ）そのものになります。

日々の意思決定は組織のリスク許容度の範囲内で行いますが、その際に事業化戦略、技術戦略、知財戦略がうまくつながっていると、効率的かつ有効な意思決定が可能になります。そのためには経営側の事業マネジメントと知財マネジメントが密接に連携できる組織の設定と相互協力的な運営（経営）が前提となります。

（4）知財の価値の捉え方

> Q：一部の識者には、「イノベーションと知財とは全く関係がない、市場と知財の関係もコンペティターの有する知財の状況等で大きく変わるので、知財の価値は相対的なものである」という意見もあります。この本はこの意見にどう対応するのでしょう。

A：質問に書かれた「意見」は、まず知財ありきと考える知財万能型の考え方が実際の市場では裏切られることが多いことを指摘するものだと思います。

　本書では知財を大変重要ではあるが、あくまでイノベーション（主）に資する手段となるモノ（従）として取り扱っています。しかし、だからこそイノベーションの過程で、知財とそのマネジメントがいかに大切で有効かについても第2章以下で詳細に説明します。

　知財に絶対的な価値というものはなく、それを使う企業、競合の存在などによってもその価値はもちろん相対的に変化します。だからこそ、事業の方向性を見定めることで知財の価値を見極め、知財戦略と事業戦略をリンクさせてその最大価値を引き出す必要性があると筆者は考えています。

（5）知財とMOTの融合のメリットとは

> Q：従来型の知財マネジメントの多くの欠陥、懸念が本書の「新知財マネジメント論」で解消されるように思われます。もし、別のご意見、観点等があればご指摘ください。

A：もし、従来型の「知財マネジメント論」というのがあって、MOT的なものと区別することが必要ならば、その相違点は製造業のパラダイムシフトへの対応を行っているか、いないかという違いとなります。すなわち、既存事業を対象とした、どちらかといえば、守りと成長（企業の差別化と独占）の知

財マネジメントが従来型といえます。

　MOT 視点というのは、新事業創出のための攻めと発展（アライアンスなどの協業も視野に入れた考え方）の知財マネジメントであり、他者に使わせないのではなく、いかに皆で知財を（うまく）使って技術の実用化を早めるか、がポイントとなります。この視点で見れば、従来型の知財マネジメントが時代遅れというわけではなく、役割分担と考えた方がよいかと思います。

第2章
日本の知財と製造業の環境変化

　本章では「ものづくり」に関連して知的財産の価値、役割、考え方が、近年どのように変化してきたのかを、国の施策も含めてあらためて整理してみます。また、イノベーションの成功には、技術のマネジメント、すなわちハイテクとローテクの使い分けが必要であることについても知財戦略とからめて説明します。

1．知的財産とプロダクト・イノベーション

　日本においては2000年代初めに、「特許」が「知的財産」に名称を衣替えしました。このことが意味するところは何でしょうか？　製造業における付加価値はパラダイムシフトによってどう変化し、その環境変化に知財関係者はどう対応すべきなのでしょうか？

（1）プロセス特許の取得から知的財産マネジメントへ

　20世紀までの日本では「知的財産」という用語はあまり用いられず、企業では工業所有権を専門に取り扱う部門を「特許部（課）」「特許契約部（課）」とするのが一般的でした。そこでの「特許」の内容は、既存の技術を進化させる改善、改良技術を対象とする改良特許、プロセス特許、実用新案などが主体で、あくまでも「技術」の範囲に入っていたのです。
　しかし、政府による「知的財産立国宣言」（2002年）から後は、多くの企業に

おいて特許だけでなく知財全体の価値の重要性が広く認識されるようになったことにも起因して、「特許部」から「知的財産部」に名称を変更しただけでなく、会社内での位置付けも技術部門の中の1部門から全社部門(コーポレート部門)になったところが多いのです。この変化は、日本において製造業の儲ける（付加価値を生む）パラダイムが「造り方」（プロセス・イノベーション）の時代から「創り方」（プロダクト・イノベーション）の時代へと変化しつつあるとの認識に呼応していると考えると明解です。

すなわち、新しい商品や事業を創っていくことがプロダクト・イノベーションのパラダイムですが、その価値創出のコアとなるものが知財とそのマネジメントとなります。このようなパラダイムシフトに対応した特許から知財への変化の考え方の流れを図2-1にまとめてみました。

図2-1　イノベーションのパラダイムシフトによる特許から知財へのシフト

プロセスイノベーション時代の知的財産（特許）の意味
〈基本的に造るための権利確保〉
- 実用新案、改良特許、プロセス特許
- これまでの考えを許容できる範囲で進化させる：改善、改良
- 製造プロセス革命・改善の権利確保

プロダクトイノベーション時代の知的財産の意味
〈基本的に創ったものの権利確保〉
- 特許（発明）による技術から商標、著作権、ノウハウの確保
- 人が考えていないような、革新的アイデアを実現
- オープンイノベーションへの手段：差別・独占からアライアンス展開へ

プロダクト・イノベーション（もの創り）の時代においては市場における顧客のニーズが多様化し、顧客が市場を牽引することから、必然的に特許（発明）

による技術シーズの確保重視から顧客の求めるニーズに従った知財全体の確保の重視へと知財マネジメントは変化してきます。すなわち新事業においては顧客側の価値に近いデザイン、商標、著作権などがますます重要になってきており、技術（＝特許）と一体で保護されることが必要になってきたのです。

(2)知財の戦略的な意味とは

　知財の重要性としては、もともと、よく知られているように差別性、優先性、独占性などを獲得するためという面が強調されてきています。しかし、今ではこれは具体的な製品や商品が見えている短期的、戦術的な場合にのみ適した考え方と理解した方がよいでしょう。

　新事業創出のような、中長期的なマネジメントとしての捉え方をする場合には違った側面が見えてきます。それは、できるだけ早く製品開発や事業化を完成させて、顧客価値（製造業からみるとこれが付加価値となる）を実現するために知財をいかに活用するかという視点です。

　その視点と内容は戦略的価値構築であり、その前提として企業の経営戦略や事業戦略と知略戦略との関係を明確にしていくという作業が必要になります。この場合に目指すべき2つのポイントについて解説しましょう。

　第一は中長期的な将来の付加価値の担保です。現在の技術優位性だけではなく、将来の事業展開に必要な技術の先行手配、さらには現在はまだ役立たないが将来役立つ可能性のある技術の確保による優位性の先取りです。これによって将来展開の事業の優位性、採算性を確保することができるようになります。

　第二はアライアンス確保における事業化の早期達成メリットの先行確保です。

　アライアンス戦略の推進時における自社の知財確保は優良なアライアンス確保に圧倒的なメリットがあるのです。すなわち知財の事業戦略的な意味としては、知財（権）を競合相手に対する「攻撃的・防衛的」な面を強調するよりも、事業の将来における重要なコアを形成するものとした「発展的・協力的」な面を強調する方がよいと思います。

2．日本の知財立国と知的財産基本法

　企業の資産価値を分析すると、その多くの部分が無形資産で占められ、また、この無形資産の多くの部分を知財が占めています。特に先進国においては近年この資産全体に占める知財の割合が急激に増大しつつあるため、日本でも知財による国の再興を目指して、知財立国への改革を表明したわけです。その新たな政策の内容について、知財とイノベーションや新事業創出と関係のあるところを中心に紹介していきます。

（1）日本における知財と製造業の環境変化

　既に述べてきたように日本の製造企業においては、付加価値の源泉がもの造り（プロセス）からもの創り（プロダクト）へと変化してきており、このときの重要なキーワードになるのが知財ですが、MOT視点で知財立国の目的についてもう一度考えてみましょう。

　イノベーションの重要性を標榜するわが国の製造業としては、知財の基本的理解が必要でないビジネスはもはや存在しないといっても過言ではないでしょう。歴史的に見ていくと、日本の製造業の特徴は明治維新後、急速に欧米の商品技術を導入して、軽工業的なものづくりから始まり重化学工業に至るまでの設備重視型のものづくりそのものでした。

　すなわちバブル崩壊までは、高度な製造（プロセス）技術に依存した高品質、低コストが世界の工場たる日本の製造業企業の特徴でした。しかし製造費のコストアップや新興国による製造技術のキャッチアップによってこの強みは次第に失われ、日本では既に製造業の多くの部分でプロセス・イノベーションの時代が終焉したといえるでしょう。

　もちろん、特許の重要性はずっといわれておりましたが、プロセス技術主体の特許を重視して守っていくパターンが主流でした。すなわち、この時代は技術的に優れていて安いものを作れば売れるということで、必要に応じて基本的

な技術に関しては欧米の特許を導入していたのです。または優れた輸入商品をもとにして、それらを改良した商品を高精度に安く作る製造技術の開発に注力しその成果をプロセス特許で守っていればよいという認識が一般的でした。このため、知財に関しては技術を守る受動的な立場が多く、切実な戦略的経営課題とはなりにくかったのが実情です。

しかし、これからのプロダクト・イノベーションの時代においては、新商品、新事業を創り出しそれを特許だけでなく、広く知財で権利化し保護することで、製造業の付加価値を高めることが必須となってきました。

知財立国の実現のために不可欠とされる「知的創造サイクル」においては、知財のもたらす利益が次の投資を生み出す経営の要であることが示されています。利益を生む知財としては特許だけでなく、ブランド（商標）とかデザイン（意匠）、ノウハウ、著作権などの知的財産全体が重要です。

「知的創造サイクル」では、創造の成果としての発明などの知財、それを保護するための権利化、およびその活用による付加価値獲得と再投資のサイクルを、早く大きい輪で回すということが大切になります。（図２－２）

知財マネジメントの全体戦略としては、図２－２に示されているサイクルを

図２－２　知的創造サイクルのイメージと事業化の流れとの関係

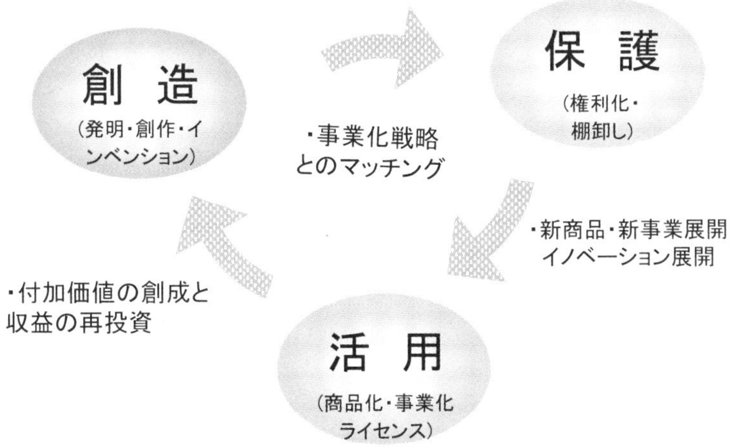

創造（発明・創作・インベンション）

・事業化戦略とのマッチング

保護（権利化・棚卸し）

・新商品・新事業展開　イノベーション展開

活用（商品化・事業化ライセンス）

・付加価値の創成と収益の再投資

いかに実行していくかということに集約されますが、新事業のための知財マネジメントとしては、特に活用のところが中心になっています。

（２）知的財産基本法と日本の今後

一方では知的財産基本法が、2002年の内閣府の総合科学技術会議で取りまとめられ、2003年に施行されました。その内容は知的財産の創造、保護、活用、人材育成の４項目から成っており、図２－３にそのフローの概要を示してあります。

この基本法に基づき、2003年には具体的な多数のアクションプランが策定され、現在に至っています。なお、同法が規定する知的財産には技術者になじみの深かった工業所有権として呼ばれた特許、実用新案などのほかに、意匠、商標の他に著作物や植物の新品種、商号、営業秘密その他の情報も含まれており、知財がもはや技術のためだけのものではないことに注意が必要です。

その守備範囲の広がりのために、新事業創出のための活用という場面で関係する人たちの範囲は技術者や経営者以外にも弁理士、弁護士だけでなく、会計

図２－３　知的財産の基本法（スキーム）：経産省ＨＰから引用

http://www.kyushu.meti.go.jp/under/tokkyo/titeki_senryaku.htm

知的財産戦略大綱

2002年7月3日に知的財産戦略会議において「知的財産戦略大綱」が発表されました。
知的財産立国の実現を目指し、4つの戦略のもとで政府が取り組む52の政策を掲げています

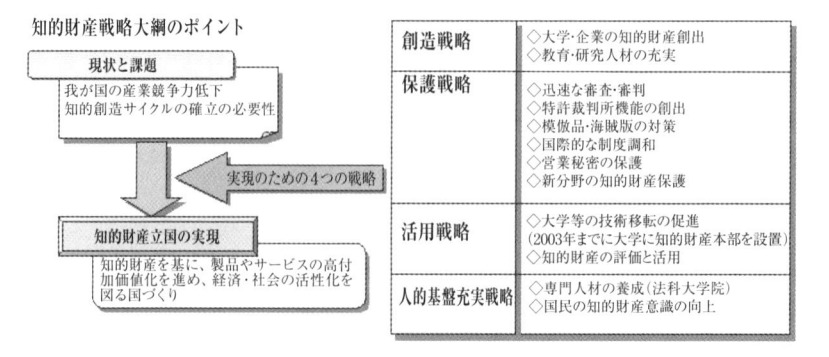

知的財産戦略大綱のポイント

現状と課題
我が国の産業競争力低下
知的創造サイクルの確立の必要性

⬅ 実現のための4つの戦略

知的財産立国の実現
知的財産を基に、製品やサービスの高付加価値化を進め、経済・社会の活性化を図る国づくり

創造戦略	◇大学・企業の知的財産創出 ◇教育・研究人材の充実
保護戦略	◇迅速な審査・審判 ◇特許裁判所機能の創出 ◇模倣品・海賊版の対策 ◇国際的な制度調和 ◇営業秘密の保護 ◇新分野の知的財産保護
活用戦略	◇大学等の技術移転の促進 （2003年までに大学に知的財産本部を設置）
人的基盤充実戦略	◇専門人材の養成（法科大学院） ◇国民の知的財産意識の向上

士を始め、多くの各種資格者の範囲にまで及んでいます。このため知財という分野は、実にいろいろな人々のかかわる複合・融合領域となっきています。

(3) 無形資産の価値と有形資産の価値

現在では、企業の総資産の中で、無形資産の占める割合は増大しつつあり、その大部分を知財権が占めているといってもよいでしょう。企業の時価総額における無形資産の占める比率は年々増加しており、米国では1990年に既に、70%に近づき、2004年には80%程度といわれています。しかし、工場資産や土地などの資産価値が重要だった1950年代においては、無形資産の比率は20数％程度であったのです。

日本は米国と比べてその変化が20年程度は遅れているといわれますが、日本の企業でも2010年での無形資産は50～70％程度になるといわれています。今後もその比率は、間違いなく増大していくと予測されており、企業の中での知財そのもの、および知財関連部門の重要性がますます増加することは間違いありません。

3．日本のものづくりの付加価値とハイテク技術

(1) ものづくり、イノベーションとのかかわりと知的財産の必要性

知財がなぜ今、重要になってきたのかについて述べてきましたが、ここでは視点を少し変えて、「ものづくり」の意味の変遷と日本の製造業の技術、知財の位置付けについてみていきます。

これまで製造業では優れた技術そのものが付加価値を生むコアとなっていましたが、今ではそれだけではなく「技術を事業に役立てる未来への戦略シナリオ（仮説）」と知財の結合を目指した「知財戦略とマネジメント」が特に大切になってきています。このことを理解していただくことで、実際の知財マネジメントの本質的な意味が明確になると思います。

「ものづくり」、変遷について図2－4に示してあります。

端的にいうと日本での製造業の付加価値の構図（パラダイム）が近年「モノ造り」から「モノ創り」に変化（シフト）しているのです。
　もう少し細かくいうと「物作り」としての「作ること」（単純加工、組み立て型企業）から「物・モノ造り」としての「造りかた」（すり合わせ型、プロセス・イノベーション型）へ付加価値は大きく変化する方向で舵を取り、このことで1970～90年代の日本は世界に通用するプロセス技術を獲得して繁栄したといえるのです。
　しかし、1990年代の後半になって、日本の置かれた環境条件は、「モノ造り」から目標自体を自ら創る必要のある「モノ創り」、すなわち「創ること」が付加価値の時代（いわゆるイノベーションの時代、すなわち智恵合わせ型、プロダクト・イノベーション型）に移ってきたのです。
　このパラダイムでは未来の顧客価値を自ら行う必要があります。このときに重要なのは技術だけでなく、顧客価値を生む新商品と新事業の仮説づくりです。知的財産はこの仮説創造「イノベーション＝モノ創り」のための技術資源（リ

図2-4　「ものづくり」の変遷と MOT と知財の役割

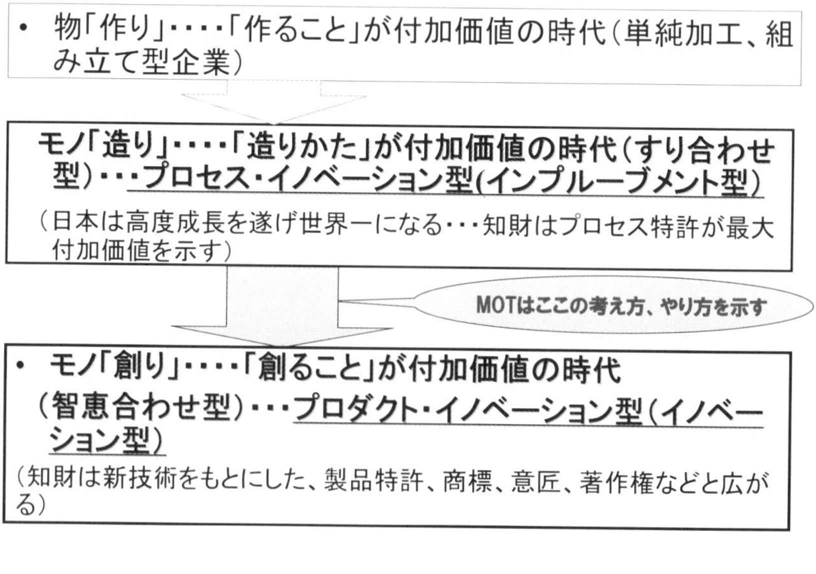

- 物「作り」‥‥「作ること」が付加価値の時代（単純加工、組み立て型企業）

モノ「造り」‥‥「造りかた」が付加価値の時代（すり合わせ型）‥‥プロセス・イノベーション型（インプルーブメント型）
（日本は高度成長を遂げ世界一になる‥‥知財はプロセス特許が最大付加価値を示す）

MOTはここの考え方、やり方を示す

- モノ「創り」‥‥「創ること」が付加価値の時代
（智恵合わせ型）‥‥プロダクト・イノベーション型（イノベーション型）
（知財は新技術をもとにした、製品特許、商標、意匠、著作権などと広がる）

ソース）になっているだけでなく、新しい事業を拓くことができるという経営資源にもなっているのです。

(2) ハイテクとローテクの意味と知財

知財の切り口から技術をみると、発明された新技術の重要性が「ハイテク」として思い浮かびます。しかし先進的な技術であるハイテクだけではビジネスとしてはうまくいきにくいのです。ではどうすれば、新技術（発明）はビジネスとなるか？　これがMOT視点の技術マネジメントとしてのポイントです。

ハイテク（先端技術）とはそのままでは生まれたての技術ともいえ、ビジネス面では完成度はあまり高くないのが特徴です。ところが、知財の視点でいうと、ハイテクほど新規性があり、出願も権利化もしやすく、また将来の期待は大きいものがあります。

しかし、ビジネスをうまく立ち上げるには、図2－5に示したように、既存技術であるローテクと新技術のハイテクを組み合わせてうまく使うことが実践的マネジメントとして重要です。

ここでいう「ローテク」はローリスクの既存技術のことをいい、決してローレベルではなく、完成度でいうと逆にハイレベルともいえます。問題はローテク技術は皆が知っていたり、知財権がほとんどない状態であったりすることで

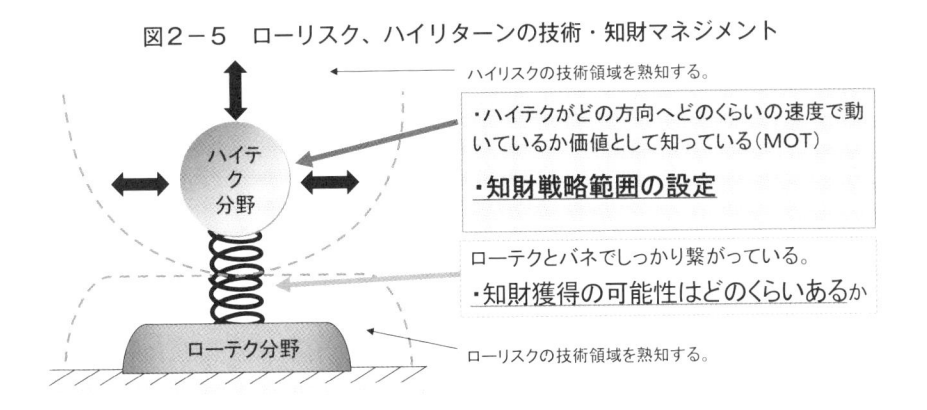

図2－5　ローリスク、ハイリターンの技術・知財マネジメント

ハイリスクの技術領域を熟知する。
・ハイテクがどの方向へどのくらいの速度で動いているか価値として知っている（MOT）
・**知財戦略範囲の設定**

ローテクとバネでしっかり繋がっている。
・**知財獲得の可能性はどのくらいあるか**

ローリスクの技術領域を熟知する。

す。

　基盤的に確立された技術ばかりであるため、それだけでビジネスを考えてもローリターンとなるのです。

　ハイテクは先端技術とも呼ばれ、新しい技術なので、論文や発明のネタにはなりますが、完成度は低いのです。一方では、ハイリスクだが時々、大当たりもあるので当たればハイリターンになるのも事実です。筆者が知っている10年以上続いているハイテク系の多くの会社は、外観的にはハイテクでピカピカ光っているように見えるのですがいわゆるローテクをうまく使っています。ある意味ではローテクにハイテクでめっきをしているといえるのかもしれません。成功している企業はハイテクはもちろんのこと既存技術であるローテクをもきっちりと持って使っているのが共通的な特徴です。

　知財の視点では、ハイテク表面を「適度に」に知財で固めながら内部のローテクを守っているといってもよいでしょう。現実に米国の「超ハイテクベンチャー」も日本の「ハイテク中小企業」も表面がハイテクで中味はローテクというフォーメーションが多く成功しています。

　事業化のときに新技術だけの視点（知財だけに注目した視点）で開発をどんどん行うと、結果的にリスクの高いハイテクだけを追いかけることにもなり、ローテクとの関連が抜けることもあるので、このあたりは知財マネジメントとしても注意が必要です。

　また事業化すべき製品や技術における自社のローテク（既存技術）の強みと弱みを明確にしていかないと、事業化の判断を誤ります。このときは委託開発や技術移転、M&Aなどで弱みを補うことで乗り越えていきますが、この判断は自社の広い意味での知的資産、すなわち技術や知財をベースにしたマネジメント判断に基づいて行います。

　近年は無形資産の内容開示という意味で知財会計とか知財報告書などが一般的になってきました。知財の証券化、資金化なども将来的には活発化してくると予想されますが、現実にはハイテクの発明だけでなく、既存技術基盤とも呼ぶべきローテクの内容も加味して事業性の可能性をみることが大変重要になり

ます。

■第2章のまとめ

(1)技術・特許から知的財産立国への流れ

　日本の製造業の付加価値構造が変化してきており、これに対応するためにはこれまでの特許重視から未来の経営と事業につながる知財重視への転換が必要となります。

(2)知的創造サイクルの意味とマネジメントの重要性

　創造(発明)－保護(登録)―活用(開発・事業化)のサイクルを回わすことが、モノ創り時代に付加価値を生みますが、そのためにはマネジメントの概念が重要となっており、その一連の流れを知財マネジメントと呼びます。

(3)ものづくりとしてのイノベーションの必要性

　これまでの勝ちパターンであるモノ造り(＝プロセス・イノベーション)からモノ創り(プロダクト・イノベーション)への転換が急務であり、その重要なMOT視点でのツールが知財となります。

(4)ハイテク技術と知財マネジメント

　新事業創出の視点ではハイテクはハイリスク、ローテクはローリスク、これをうまく組み合わせることを前提に知財を獲得することが、新事業への布石となります。

<第 2 章　Q＆A>

(1) イノベーション優先の知財戦略と既存事業戦略との整合性

> Q：イノベーションに資するということは知財の最重要な役割ですが、知財が事業に貢献する役割はこれのみではありません。本書のテーマに沿って知財マネジメントを推進するとき、知財の他の役割との整合性の欠如や離齬が発生する心配がありますか？あるとすればそれは具体的にはどんな点ですか？

A：事業と知財マネジメントの関係を考えると、知財マネジメントの役割の本質は事業全般に対するものです。MOT ではその中の「技術を商品、事業化」していく「イノベーションのところ」を受け持ちます。このため、本書ではあえて MBA 的な経営マネジメント視点の既存事業中心の成長や拡大の範疇の知財マネジメントについては触れておりません。すなわちイノベーションの知財マネジメントに特化した形で述べてありますので、その点を意識していただきたいと思います。例えば、開発と事業化のステージと産業化の時系列的なステージにおいては知財の役割は当然異なってきます。すでに既存事業になりつつある事業の標準化の問題は、イノベーションの段階では扱うには一般的には早過ぎます。

　この段階ではとにかくイノベーションを成功させることに特化した、知財を積極的かつ攻撃的に使う知財マネジメント、あるいは知財をアライアンスを組む道具として使うという知財マネジメントが求められます。

　また特許の出願に関しても、既に事業化に成功した段階では詳細な特許ポートフォリオが必要になりますが、まだ事業化が海のものとも山のものとも分らない段階で、これを深く追求することはあまり意味がないことです。

　繰り返しになりますが、イノベーションのためには時系列に区分けしたマ

ネジメントが必要で、そのことが明確になっていれば、あまり混乱することはありません。特に事業化初期の場合には、事業というものを既存のパターンで一律に考えない、フレキシブルな考え方が知財マネジメントでも必要です。

また、知財マネジメントの別の役割の1つである収益を目的とした保有特許のライセンス活動は競合メーカーとの知財のパワーバランスを変化させ、新製品のイノベーションにリスクをもたらし、社内の部門間のトラブルの原因にもなりかねません。

このような場合は予測・評価の困難さを恐れず、全社の最大利益を目指したトップによる意思決定と全社の意思統一が必要です。知財投資の配分についても同じことがいえるでしょう。

(2) 世界の中での日本のイノベーションと知財のステージ

> Q：グローバルな競争環境の中で欧州、米国、韓国、台湾、中国等との競争原理について、MOT的視点、さらに知財マネジメントの面から留意すべき点を教えていただきたい。

A：まさにこのことを考えることが、現状における日本の最適な知財戦略やマネジメントを見付けることになります。イノベーションのステージとして、例えば米国では、1984年まではアンチパテントでしたし、日本でも2002年までは同様でしたが、その後はプロパテントに変わりました。これは産業の「付加価値を取れるレベル」が生活水準の向上によって高度化しているという流れに沿っているわけです。

今、日本では、欧州、米国と並んで、イノベーション強化とそれによって生まれた付加価値の知財による安定確保が必要なパラダイムになってきており、知財マネジメントの必要性がますます増しています。

その一方、韓国、台湾、中国などでは、まさにプロセス型の既存事業（プ

ロセス・イノベーション）における生産効率向上が付加価値構造の中心を占めています。このため、これらの国、地域における知財管理の方向性は日本とは異なっており、従って、現在の欧米や日本が行っている知財マネジメントと韓国、台湾や中国が行っている知財マネジメントとではステージと方向性に本質的な違いがあるということを、認識した上で手を打った方が実際的です。

　MOT的視点では、かつて1970～80年代の日本でMOTが一部の業種以外は必要とされていなかったように、特に中国においての主力製造業のビジネスモデルとしてはまだ時期が早過ぎるといえましょう。その意味では、それらの国での多くの企業での知財マネジメントはまだ特許マネジメントの段階というのが実情かと思われます。

（３）知財の調査による新規事業の可否判断の是非

> Q：開発ステージ、事業化ステージにおいて、特許調査の結果、イノベーションの進行を途中で止めるか否かの判断を知財部門に迫られるときがあります。そのような場面に遭遇したときは知財マネジメントとしてどのように対処すべきでしょうか？
> 　（例えば、他社有力特許が発見されて利益計画に大幅な狂いが生じたり、既に他社から多くの特許が出されており有力な自社特許が確保できそうにもない（将来の市場独占を特許面でサポートできない）と判断される場合）

A：まさに経営者や知財マネジメントの責任者に、イノベーションのマネジメントの本質が分っていないと、そのようなことが頻発することになってしまいます。イノベーションにとって特許は極めて重要ですが、特許を重要視するあまり、設問のような場合に直ちにイノベーションの進行を止めるべきと決め付けるのは間違いです。

特許はイノベーション成功のための1つの手段であり、すべてではありません。極端な話、特許の支えのないイノベーションの成功例は幾らでもあり、必要な特許、リスクのある特許を、他社から調達していくことも選択肢となるわけです。

 新しい事業化（イノベーション）の試みを行うかどうかは、実施リスクを伴うものなので経営マネジメントの専決事項であり、これに関する自他の知財の有無は重要ではあるものの、イノベーション再構築の1つの判断材料として考えた方がよいでしょう。そのためにオープン・イノベーションという方法論がMOTでは主流になっているわけです。

（4）MOTの技術マネジメントに対応した知財マネジメントとは

> Q：新規でハイレベルな特許獲得に熱心なあまり、関係技術部門にその為の知財マネジメントへの協力ばかり求めて、結果的に、知財部門が開発、製品化への縛りとなってその進行を妨げることもあるようですが、そのような場合にMOT視点では知財マネジメントをどのように考えていけばよいでしょうか？

A：新商品、新事業はハイテクとよばれる先端技術だけで生まれても、それだけでは実際のビジネスにならないというのがMOTすなわちイノベーションにおけるマネジメントの基本です。

 もし先端技術だけでビジネスになるならば、大学発や先端研究所の成果から発足したベンチャー企業は全部うまくいくはずですし、先端技術を買い集めることで、新事業がどんどんできるはずです。しかしそのようなことは現実にはありません。

 そういう意味で新事業を捉えていくと、いわゆるローテクと呼ばれるローリスクの既存技術の重要性も理解でき、また今後の事業化に不可欠な、しかしハイレベルとは限らない技術の全体像が見えてきます。これらをいかにう

まく知財で守るかが知財マネジメントの極めて重要な役割であることを認識することが大切です。

この感覚を知財部門の人々が得るためには積極的に新事業部門と一緒に仕事をしたり、事業化ロードマップと統合化された技術ロードマップに基づいた知財マネジメントを行うことが必要です。

(5)既存技術(ローテク)と知財マネジメント

> Q:技術者が自社技術に縛られ、他社、他者技術の利用が十分にできていない、また新技術やハイテク技術にばかり目がいって基盤技術というかローテクの活用が下手な状況です。使えるローテクを見つけるのも知財マネジメントの一環でしょうか?

A:技術を先に捉えるのでなく、将来展開すべき事業性や製品イメージの観点から捉える、すなわちMOT視点を技術者、知財関係者が持つことができれば、この問題は比較的簡単に解決できると考えています。

最近では、自社技術のみで、新商品、新事業を生みだすことは困難であり、また新技術やハイテク技術だけでは新商品、新事業はできません。顧客が望んでいるものをできるだけ既存技術(ローリスク技術としてのローテク)で構成し、かつ最終的に不足しているものを見極めて、それらを補充するには自社開発と他社からの導入のいずれが合理的かを判断することが技術者の役割であり、またこれを一体的にサポートするのが、知財マネジメントの役割です。

これが事業化に役立ち、付加価値も生む知財マネジメントであり、またMOT自体の役割(新事業やイノベーションの創出)ともなります。

第3章
新事業創出への知財マネジメントと知財ロードマップ

　本章では、知財はなぜ新事業を考えている企業にとって重要なのか、ということをあらためて考えてみましょう。その最大の理由は、研究開発の成果を知財化、権利化することで知財自身が差別化とアライアンスの形成のための有力な武器となり、将来の企業価値を高めることができるからです。また本章では、新事業を展開する場合の有効なツールである知財のロードマップについても解説します。

1. 企業経営における知財の重要性

　企業経営において、新規事業創出にかかわるところについては、知財もMOT的な視点（いかに開発や事業化に役立つか）で検討することが必要ですと述べてきました。
　しかし知財マネジメントといってもいろいろな考え方や観点があり、その目的とするところも多様です。以下に経営上のいろいろな戦略との関係を中心に述べていきます。

(1) 企業における知財確保の意味
　特許出願を例にとって考えると、従来の考え方からすれば、その最大の目的は企業における競争力の向上です。つまり一般的には特許権の確保によりマーケットでの追随者、競合者からのリードを保つことで、既存事業の競争力をキー

プできるという意味で直接的な経済価値がまず第一に期待されます。

　しかしMOTの視点では、新規事業の創出効果をまず第一に考えるため、将来事業に役立つ可能性の高い新技術を保全し重要なドライバーとなることと、新事業の早期実現のためのアライアンスのための有力な武器となることが重要といえます。

　さらに、企業にとっては技術の蓄積の1つという見方もできますし、また技術者にとっては、特許出願には自分が発明者として明記されるため、モチベーションの維持・向上が図れます。また日本では世界的にみても職務発明における発明者の権利が強いので、発明に対する直接的なインセンティブもある程度期待できます。これらは、経営的な観点からはあくまで間接的な価値であり、直接的な経済的価値としては見えにくい特徴があります。

　企業における知財の重要性に関するポイントをリストアップしたものが、次の5項目になります。

①企業における競争力の向上：マーケットシェアの保全、競合者、追随者からのリードによる直接的な経済的価値向上
②開発・事業化の展開への寄与（A）：自らの新技術としての事業創出ドライバーとしての役割
③開発・事業化の展開への寄与（B）：事業創出への優良なアライアンスを確保する役割
④企業における技術の保全：データ、ノウハウの技術資料の知財化による散逸の防止、企業内確保で間接的な経済的価値向上
⑤技術者、発明者としてのステータスの保全：発明者としての明記、社内外へ認知による技術者のモチベーション向上

（2）知財戦略と経営戦略、事業戦略、技術戦略

　企業の中には、それぞれの役職や組織の立場で複数の戦略が並立していますが、ここでは各種戦略と知財戦略との相互の関係について考えてみましょう。

　従来、製造系の多くの企業においては、知財の役割は技術戦略の下での1つ

第3章 新事業創出への知財マネジメントと知財ロードマップ

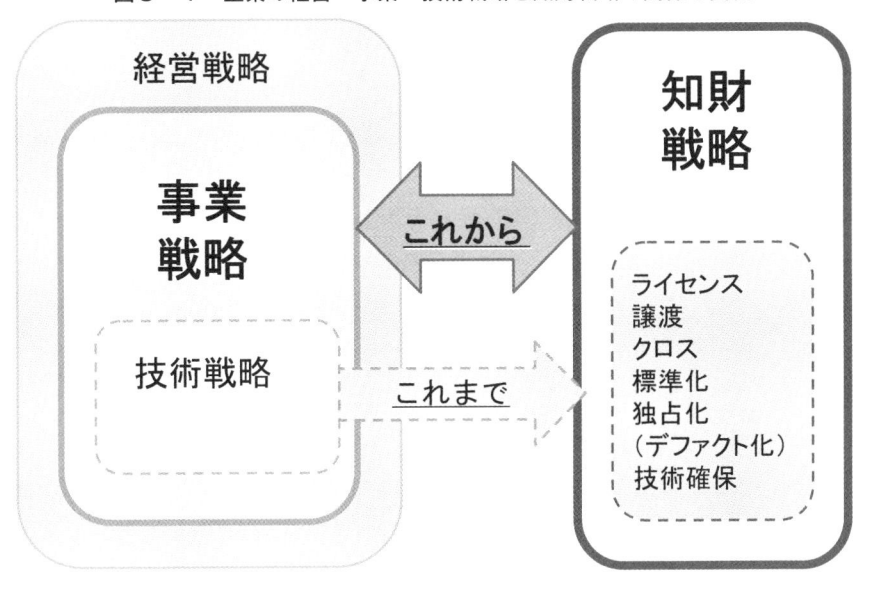

図3-1 企業の経営・事業・技術戦略と知財戦略の関係の変化

の戦術という位置付けでした。一方では、技術戦略（研究開発戦略）にはその上位概念としての事業戦略があり、それをも含む全体戦略としての経営戦略が存在しているのが一般的でした。

現在では、知財戦略は事業戦略を中心にした各種戦略と並列に経営戦略を支えるものとして必要になってきています（図3-1）。実はこのフレームワークの変化は特に新事業創出を考える場合に極めて重要であり、新規の事業成功のためには、この新しいフレームの中で知財戦略の役割を理解してから知財のマネジメントを実践することが必要となってきます。

(3) 新事業成功のための知財マネジメント

事業化の成功のためには、具体的に知財マネジメントをどのように行っていくのかについて検討します。特に新規事業化の場合には不確定性が極めて高いため、各種戦略とのマッチングを意識した実践的なマネジメントが重要となります。ここでマッチングとは時系列的にとらえた相互関係の明確化のことを指

しています。

　また、マネジメントとは目的をクリアにしてその目的に至る道を明確に示したり、解決していく具体的方法を考え、実践することを意味します。以下に知財マネジメントと他の各種戦略との関係について、簡単に説明します。

①技術戦略との関係

　従来の知財戦略は、既に述べたように技術戦略の一部という位置付けの場合が多かったのです。その場合の技術マネジメントの中心は、研究や開発のテーマ選定や進捗管理や共通的基盤技術の選定でしたが、最近ではその育成とか、共同研究や共同開発のアライアンス形成に範囲が広がっています。

　知財マネジメントはそのすべてに関係しますが、まず最初にやるべきことは、自社の特許権で保護された技術によってできる製品・商品の範囲と他社の特許権を使わざるを得ない範囲、及びフリーに使える技術範囲などの技術のエリア区分を形成することとなります。

②事業戦略、経営戦略との関係

　事業戦略では、客先のニーズに対応した事業化テーマの選定と実行がメインになりますが、そのコアとなる技術については、技術マネジメントと併せて、知財マネジメントが全面的に主導することが多くなっています。

　また、それに従って、事業化テーマ選定への関与、M&A、技術導入の実施（ライセンシング、譲渡、共同事業）などにも知財マネジメントが深く関与してきます。

　さらにこれらの活動を数値化することで、知財報告書の作成、知財会計等がなされ、知財を証券化、信託化などとして資金調達も可能となります。すなわち、知財マネジメントは経営戦略全般と深くかかわっているのです。これらを総括的にまとめると図3－2のようになります。

　この図では知財マネジメントを中心として、各戦略との関係を述べていますが、それぞれが広範に密接にかかわっていることが分かると思います。

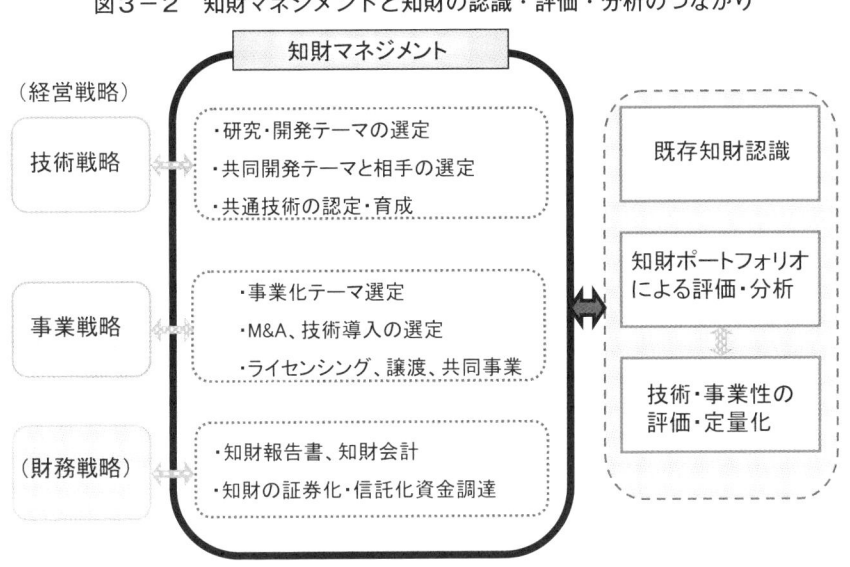

図3-2　知財マネジメントと知財の認識・評価・分析のつながり

（経営戦略）

技術戦略
- 研究・開発テーマの選定
- 共同開発テーマと相手の選定
- 共通技術の認定・育成

事業戦略
- 事業化テーマ選定
- M&A、技術導入の選定
- ライセンシング、譲渡、共同事業

（財務戦略）
- 知財報告書、知財会計
- 知財の証券化・信託化資金調達

知財マネジメント

- 既存知財認識
- 知財ポートフォリオによる評価・分析
- 技術・事業性の評価・定量化

（4）事業戦略を活用した、戦略的な知財の獲得

　開発ステージでは、製品を完成させるためにいろいろな可能性を抑える収束方向のマネジメントを行うものの、そこでの知財のマネジメントは発散する方向でのマネジメントが重要である、という話を第1章においてしてきましたが、このことの意味をさらに考えてみましょう。

　実は開発ステージでは、実際にものを作り込んでいく過程の中で、技術者の頭の中ではいろいろアイデアが広がってくるのです。ここでのポイントは、既に決めた製品開発のマイルストン自体は拡散させずに（現実の事業遂行上のマネジメントは収束させますが）、頭の中でのアイデアを広げていくことが必要になります。そしてこのことが、まさに戦略的な将来への布石という意味で、事業の一歩先を行く知財マネジメントの実践ということにつながります。

　事業戦略とのマッチングのイメージについて図3-3でもう少し説明をしましょう。同図では、特許の領域が、もともと事業領域に重なって保持していた

図3-3 事業戦略にもとづいた知財マネジメントのイメージ

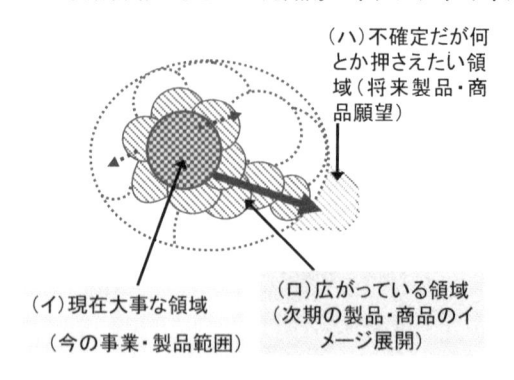

(イ)現在大事な領域（今の事業・製品範囲）
(ロ)広がっている領域（次期の製品・商品のイメージ展開）
(ハ)不確定だが何とか押さえたい領域（将来製品・商品願望）

領域（イ）から、さらなる事業の進展に伴い、新しい領域にまで将来広がってくる様子を示してあります。これを実現できるのは、知財戦略が事業戦略とリンクして動いているという前提があるからこそであり、これが将来への重要な戦略投資領域にへ向けた先行的な知財マネジメントということになります。

この知財マネジメントのモデルで、各領域は、現在大事な技術領域（イ）から直接広がる領域（ロ）と、事業化などの過程でマーケットティングにより先行的、応用的に広がる領域（ハ）を表しており、これらが強くつながって連続性と重畳性を保ちながら、なおかつ事業の方向を先取りすることで、知財（特許の）権利範囲を拡大していくのです。

事業の実際の展開の可能性については、幾つかの成功確率の高いオプション（選択肢）を持っていないと、実務上はリスクがあって進めないのですが、その選択肢を実質的に形成するのが開発ステージでの知財確保ということになります。

すなわち事業の方向性と知財方向性のマッチングが十分に考慮されており、同時にある程度のリスクヘッジのための選択肢の幅を持っていないと、将来つくる製品の技術範囲と特許権の範囲がずれているということが起こります。一方では、時間の経過により、事業上不要になった技術（知財）ならば棚卸しの対象としていくことが大切です。

2. 知的財産の事業性価値の基本的考え方

　知財は現実にどのように評価されていくのでしょうか？特許1件を幾らの価値と考えればよいのでしょうか？誰が値段を付けてくれるのでしょうか？相場はあるのでしょうか？取得した特許は幾らで売れるのでしょうか？知財に付いた価値を検証する方法はあるのでしょうか？

　多くの知財関係者や発明者にとっては、知財の評価やその事業性価値、またその流通に興味があると思います。ここでは、その実情とMOTからみた価値評価の考え方を紹介します。

（1）知財評価に関する基本的な考え方

　知的財産についての評価は、特にまだ事業化されていない段階では一筋縄ではいきません。それは未来の事業に対する本質的な不確定性があるからです。

　現在事業として成立し、その中で使っている知財ならば、かなり正確な評価値が得られます。まだ商売につながっていない、特に研究や開発レベルのときはその価値を評価するのはそう簡単ではありません。まだビジネスプランもない状態で、海のものとも山のものとも分からない新技術だけのベンチャー企業に投資をするようなものだからです。

　仮に開発ステージが完了し製品ができたとしても、まだお客が不明で、それが売れるかどうか、また利益を生むかどうかが不確定の状況では知財に正確な値段など付けようがないというのが正直なところです。それでも、知財はやはり財産権の1つですから、何らかの定量的な評価をしていくことも必要になります。残念ながらその評価のアプローチに正確なものがあるわけではありません。

　現在においては基本的には次の3つの方法があり、それぞれについて内容と課題について簡単にまとめてみます。もちろん時代の進歩と共に、少し計算方法を複雑にしたり、いろいろな味付けがされ以下の3つの手法が主体ですが、

その実用性については今後もさらなる検討が期待されています。

①インカム（収入）アプローチ：取得特許をベースに想定されるビジネスプランを作ってその期待利益をはじき、それの値を少々値引いて考えるという方法です。いわば未来の収支からの価値を予測するものです。これは、まさにビジネスプランの最終損益の予想数値にリンクしています。知財は無形資産としての評価ですが、有形資産と同様のアプローチを行うのがやりやすいのです。しかし予測精度が低いので、複数視点での推定数字が必要となります。

②マーケット（市場）アプローチ：類似の技術をもとに、どのような商品展開ができたかという過去のマーケットを振り返る方法です。これも結構行われるのですが、これまでに存在しない革新的な技術ほど類似マーケットは存在しないともいえるので、評価が難しくなります。

③コスト（費用）アプローチ：この方法は知財を取得するのに掛かった費用を積み上げるという比較的安易な方法です。どのくらい意味があるか疑問は大きいのですが、方法として簡単で数字が定まりやすいので、実務的にはよく使われる方法です。将来の価値についての説得性は小さいものの、最も多く使われており、その意味ではこの方法が現状では標準的ともいえます。

（2）稼げる特許の比率と生まれたばかりの特許の価値

企業の知財についてよくいわれているのは、「事業分野にかかわりなく2割の特許が8割の収益を稼ぐ」ということです。逆にいうと、ビジネスを実際に行っている事業会社でさえ、出願される特許の8割は使われず事業上は無価値に近いといってもよいでしょう。また、ロイヤリティということだけに限っていうと、結果論として2％の特許が90％のロイヤリティを生むという表現もできるようです。

このことから、一般的にアイデア的な発明や、また大学の基礎的発明などに代表される、事業をにらんだ開発や事業化が進んでいない特許については、事業として成功する確率はかなり低いといえ、実用化や知財移転（譲渡）につい

ても、決して簡単ではないと考えるほうが普通です。

　特許で進歩性が大きいもの（単なる改良特許ではない革新的な原理的発明）についての価値評価、判断は大変難しいものがあります。前述のように特に生まれたばかりの価値評価はかなり無理筋のことといってもよいと思います。

　それでもやらざるを得ない場合、発明された特許の価値を現実にどのように評価したらよいのでしょうか？　当たるか当たらないかは「勘」とか「運」の世界の話だという意見も多いのですが、発明者本人はもちろん経営者や金融系の方が一番知りたいところだと思います。

　結論を先にいうと、これというよい方法はありませんが、ここでは「特許の目利きの考え方」とでもいうべき、著者の用いている考え方を紹介してみましょう。

　図3-4には、事業化への各ステージの進捗に伴って知財価値が向上していくイメージを示してあります。個々の特許の価値評価のポイントは、権利化されている技術の現在価値と将来価値を分けて考えることです。当たり前ですが、

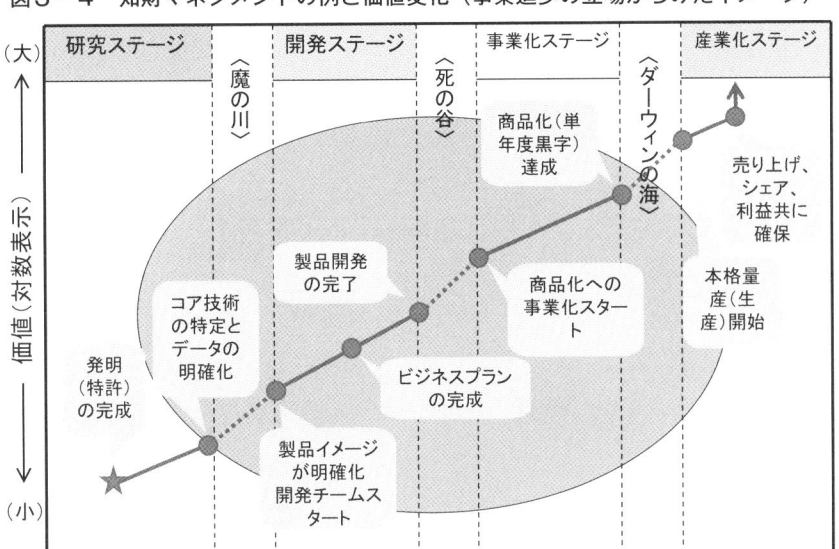

図3-4　知財マネジメントの例と価値変化（事業進歩の立場からみたイメージ）

革新的な技術ほど将来価値は高いかもしれませんが、現在価値は低いか、あるいは評価不能です。

　これはビジネスが現在と過去を基準に動いているために未来の評価はそのままではできにくく、技術が製品や商品に変化することが明確に見えない限り、原則的にビジネス上の価値はゼロに近いといってもよいからです。言い換えれば、もし特許の事業可能性を唯一の価値判断規準とすれば、革新度の高い技術ほど、現在価値は付けられないということになってしまいます。

　一方その発明をもとにした研究開発が進んで、製品とか事業化がイメージできてくれば、知財の価値評価も可能となってきます。MOT視点においては、特許（知財）は事業と関連付けて考えていかなければほとんど価値はないということになります。またこのイメージ図はあくまで、製品開発、商品開発が順調に進んだと仮定した場合のみに当てはまるものであり、現実の開発・事業化には紆余曲折があることを考えると、その成功確率はあまり高くないというのも留意すべきポイントです。

　しかし、だからこそ、①まずはたくさんの発明の創出が必要、②実用化できる可能性の大きな、権利範囲の広い特許を出願することが必要、③できるだけ試作品などで顧客の反応を知ることが必要、という結論になります。この話をつき進めると、特許の有効性という観点で研究成果の事業化の確率は関連付けて算定することが可能という話にもなってきます。しかしこの試みは、事業やマーケットの進捗ステージに関する本質的内容の理解がないと単なる数字の遊びとなりやすいので要注意です。

　このような現状を見ていくと、やはり特許の価値評価はかなり難しいということになります。特に、新しい知財は新しい事業を創る方法論というMOT視点の時系列評価と連結していなければ、ただの紙切れになりかねないともいえるのです。

(3) 知財のステージごとの事業性価値

　新しい発明もその用途が見えない単なる科学的発明では、その価値判断は難しいということを前述しました。事業へのステージが進んでいき、ここで用途が見える技術シーズとなることで知財の価値が発生し向上していく様子を、ここで今一度検討していきます。

　一般的には既に述べたように、研究ステージにおける知財の事業性価値は、最初はなかなか見えてきません。何のための研究かという製品ターゲットが具体的に明確になればなるほど、その価値は上がってきます。

　開発ステージでは開発ターゲットが明確になっているわけですから、研究ステージよりは格段に価値が上がります。それにロードマップやビジネスプランという形で顧客イメージが付加されてくるとその価値はさらに上がってきます。

　このように知財（特許）の事業性価値は、事業化に向けて進めることができれば、向上していくはずです。しかし、必ずしもそうならない場合もあるということに触れましょう。

　価値が上がらない場合とは次の2つです。まずは、発明者の期待する知財価値は実現されないことが多いということです。発明者側の視点からいうと、発明した時の価値は無限の可能性を秘めているわけです。しかし事業化の進展に従ってターゲットが絞られてくることによって、その価値は限定されてくるというパラドックスを含んでいます。発明者は、このことを理解しておく必要がありますが、知財の（未来）評価について発明者と企業が対立することは当然ながら、しばしば起こります。

　2つ目は、事業化の試みが研究開発段階で挫折し終了したような場合です。その時点で、その知財（特許）の価値は塩漬け状態になってしまいます。すなわち、事業性価値はほとんどなくなります。もっとも、最初から研究開発さえ、行われないアイデアだけの特許技術もたくさんあり、それらはほとんどMOT視点では無価値か、評価不能となります。

　このような知財でも実は価値を生じる場合もあります。それは事業化の時のリスクヘッジの要請から、ある場合に検討対象候補となる知財ということにな

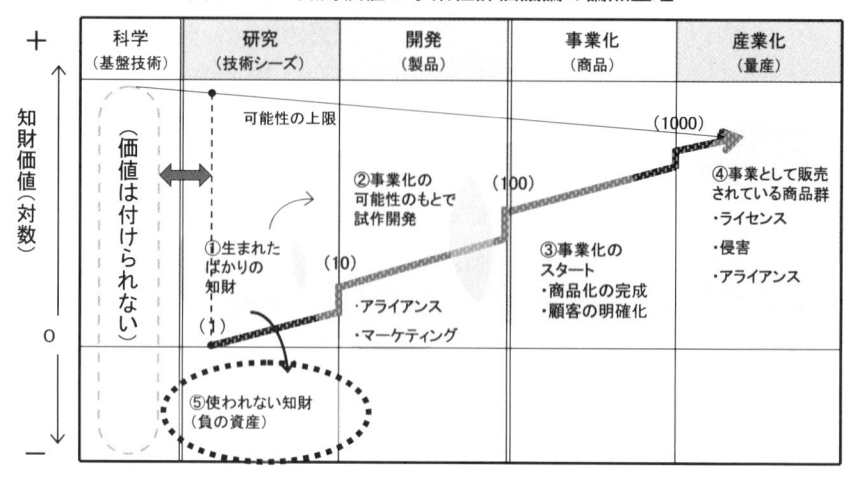

図3−5 知財価値の事業性評価議論の論点整理

	科学 (基盤技術)	研究 (技術シーズ)	開発 (製品)	事業化 (商品)	産業化 (量産)

（価値は付けられない）

可能性の上限

①生まれたばかりの知財

②事業化の可能性のもとで試作開発

(10)

・アライアンス
・マーケティング

(100)

③事業化のスタート
・商品化の完成
・顧客の明確化

(1000)

④事業として販売されている商品群
・ライセンス
・侵害
・アライアンス

⑤使われない知財
（負の資産）

ります。図3−5は、知財価値が事業化の成功の進展とともに変化していく様子を、上記の事情を加味して示したものです。

　大学などの発明者と事業を担当する企業のこの辺の認識の違いが、産学連携を阻む要因なっているのは否めません。一般的に、発明者はどうしても自分の発明の技術的価値の枠を大きく広げて考えていく傾向にあり、これはやむを得ないところです。そうなると彼にとって用途の可能性は著しく広がってくる傾向となり、「夢と可能性」を全部足すと夢物語として数10億から数100億円という「夢のような値」になってしまうからです。

3．知財ロードマップと知財の棚卸し

　知財(特許)の価値を評価する場合の大枠のイメージがつかめたでしょうか？
　念のために付け加えますが、知財に絶対的な価値というのはありません。知財を取得した企業にとっては知財を活用できる新しい事業の流れをつくり、それに乗ることで、初めて知財の価値が出てくるというところが大切なポイントです。

一方、特許ならびにその他の知財は権利を獲得するのにも、また維持するのにも多額の費用が必要です。活用されない知財はコストだけを発生する不良資産になります。そのため、どこかで棚卸し作業というのが必要になってくるのです。誤解を招かないようにいうと、知財の価値とか棚卸しといっても、その企業にとって必要か不要かを判断するだけのことですから、その知財自身がもつ本質的な価値評価とは違う基準での判断になります。

　取得した知財権の技術領域が企業の事業領域での位置付けとして明確になっているでしょうか？　競合他社との差別化のレベルとしてのベンチマークはどうなっているのでしょうか？このような疑問への解決手段の1つを与えるのが事業ロードマップ、製品ロードマップ、技術ロードマップ及びこれらとリンクした知財のロードマップづくりです。これらを活用することによって知財の評価や棚卸しが可能となります。

(1) 企業の蓄積してきた知財の評価と棚卸し

　最近、各企業において蓄積してきた知財の本格的な見直しが進められようとしています。知財は、創造、権利化、維持のすべての工程で費用が掛かります。
　その上に近年では製造系企業の企業価値の中での無形資産の占める割合の増大によってそれに対する課税を検討する動きもあります。
　一方ではオープン・イノベーションの流れの下、保持している知財は活用しないと意味がないことは明白です。全体的に知財の活用範囲は大きく広がっており、その価値は顕在的なものだけでなく潜在的にも上昇しています。すなわち、昔は多くの場合、自社の中だけでの役立つ自己完結型の知財でしたが最近は自社内で役立たなくても他社には役立つ、または他社と一緒に何かやるときに役立つということでもその価値が認められるようになってきました。
　以下に企業内に蓄積された知財の価値とその取扱いという観点で企業が直面している現状を紹介します。わが国においては従来から活発な研究開発が継続的になされた結果、蓄積してきた知財をどのように使うか、その価値をどう顕現させるかが各企業において重大な関心事になってきていることがよく分りま

す。ある意味では日本企業の持てる悩みといってもよいでしょう。

・A社：企業内に特許がたくさん維持されているが、使っていない特許が多い（特に現在の事業に直接関係の少ない、特許だけ残っている）。知財の在庫の価値インデックスを共有化し、皆が納得する方法で処理して、30％～50％は減らしたい。
・B社：プロセス・イノベーション型のプロセス特許が多いが、新興国の追い上げを考えると放棄してもよいかどうかが不安。
・C社：事業テーマ（過去、現在、将来）と研究開発テーマの関連性マップ（ロードマップ、ポートフォリオ）がつながっていないので、知財はその狭間でそのまま置いてある。
・D社：過去の事業化テーマだけにかかわる研究開発テーマ関係の知財は基本的に廃棄したいが、それでよいかどうかが不明なのでそのままにして置いてある。
・E社：現在の事業化テーマにかかわるものは、当然ながら活用するが、将来の事業テーマについての研究開発テーマの位置付けを行わなければ、その関係の知財について判断ができないので困っている。
・F社：自社の事業化テーマからは外れているが、競合他社に対して将来有効であるかどうかの判断が難しくて困っている。

今後はこれらの課題を統一的に判断していくことも知財戦略やマネジメントの重要な項目になります。ここでは新事業展開という視点で、ロードマップと棚卸しについての考え方と具体的対処方法について検討してみます。

（2）知財の棚卸しのための知財ロードマップをどのようにつくるか？
現実の知財の棚卸しに、使用できる知財ロードマップとしてはどのようなものが必要なのでしょうか？　ここでそのイメージを紹介しましょう。まず行うべきことは、企業内に知財ロードマップ以外にどのような種類のロードマップ

が存在するか、というチェックです。

　通常、企業の中には、さまざまな経営計画や事業戦略がロードマップとして存在します。それらをまずはレビューしてみることが第1歩となります。次にそれらのロードマップが、戦略上、また時系列的にお互いにどの程度関係付けられているかどうかを検討してみる必要があります。

　最終的には各種のロードマップの相互関係が整理され、関連付けされており、特に事業戦略や製品戦略が技術戦略と統合化されたロードマップ（図3−6）があれば知財ロードマップを位置付けるのは比較的容易です。

　すなわち統合ロードマップが存在することで、初めて知財のロードマップの途中の各段階の到達目標をマイルストン（途中目標）として設定するというマッチング作業が可能になります。

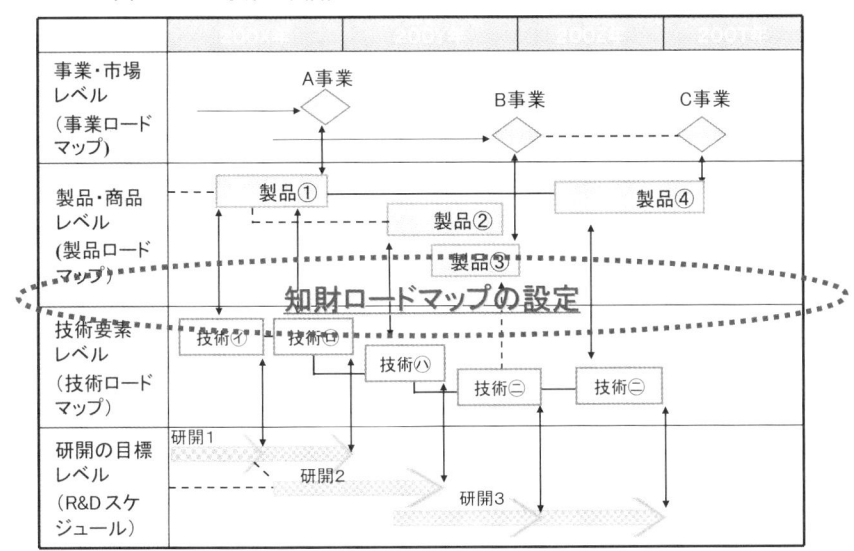

図3−6　事業・製品ロードマップと技術ロードマップの構造例

各種のロードマップと知財ロードマップの関係を明確化して、知財の棚卸しをイメージする場合、事業ロードマップにリンクした技術ロードマップの範囲から外れた知財は事業性の評価からはほとんど役に立たず、棚卸しの対象とな

ります。

　現実的にはこのような統合化されたロードマップはあまり存在しない場合が多いのですが、技術ロードマップ（TRM）、製品ロードマップ（PRM）、事業ロードマップ（BRM）間の関係を統合化するやりとりを繰り返し行っていくことで、知財ロードマップも徐々に完成度が向上して、結果として知財の棚卸しの精度も向上していくことが期待されます。

　もともとこのようなロードマップの統合化手法は、新規事業の展開を検討する場合に、将来の技術開発のテーマ選択の可視化方法として開発されたものです。

　見方を変えれば事業性の視点から知財価値評価を行う手法ともなるため、研究開発のプロジェクトの進捗状況に応じた知財評価に転用することも可能となります。

(3) 事業の方向性（ロードマップ）に沿った強い権利の獲得と棚卸しの考え方

　開発ステージでの知財マネジメントに関するポイントは、ロードマップに従って既に決定した開発の目標やベクトルは拡散させずに、頭の中でのアイデア自体は広げていかなくてはいけないことです。まさに、将来への財産の確保という意味で一歩先を行くリスクヘッジ型の知財戦略マネジメントというのがこれに当たります。

　もともと存在している基本的な特許の領域を開発や事業の進展に伴い、将来価値の向上への布石としてロードマップの方向性で拡張し、リスクヘッジを顕在化させるのです。これを有効かつ効率的に実行できるのは、知財戦略と事業戦略とがマッチしたマネジメントがあるからこそで、その時こそ知財を取得することが将来への重要な戦略的投資になり得るのです。

　知財の棚卸しのための知財関連のロードマップにはさまざまな作り方や使い方のバリエーションがあります。特に特許は技術の将来動向を示す「技術の未来マップ」と読みかえることも可能です。そう位置付けることができれば特許

出願の動きを追いかけることでいわゆる未来技術ロードマップとでもいえる指針を創り、逆に事業化をリードすることも可能となります。

オープン・イノベーションの流れの下、ますます知財の重要性と価値は上昇しているといっても過言ではありませんが、知財は実際に活用しないと意味がありません。そこで知財を有効に活用するためには戦略的な製品・技術マッピングにリンクしたオープン型の知財マネジメントが不可欠となります。これは自社では不要な知財を外部に提供するだけではなく、事業に必要な知財をタイミングよく調達するときでも同様です。

＜参考：知財の棚卸しのプロセス例＞

では、現実の知財の棚卸しはどのように行うのでしょうか。以下にある企業における知財の棚卸しの方法として、技術ロードマップを活用した方法論の例をSTEP0からSTEP5として示します。この方法以外にもそれぞれの状況に応じて変形はありますが、代表的な知財マネジメントプロセスの例として参考にして下さい。

(STEP0) 準備作業：候補ピックアップ
・棚卸し候補知財のピックアップ（戦略的に未整理の知財群）。
・知財（群）から想定される製品・商品（事業）のイメージ確認、作成。
・棚卸し候補の知財と想定される製品・商品を関連付ける予備的作業を行う：製品と知財とのマッチング。

(STEP1) 仮説の構築：事業ロードマップとのマッチング
・事業ロードマップのマイルストンから主流事業製品、発展型戦略製品、新規事業製品をピックアップ。
・想定される製品の機能から技術を抽出し明確化をすることで知財との関係を明確化。
・時系列的に、その製品と知財との関連性の議論を行い、ロードマップ上に割り付ていく：ロードマップと知財のマッチング。

(STEP2) 仮説の検証：テーマ・マーケティング実施
- STEP1のマッチングは、あくまで仮説であるので、これを検証する作業がSTEP2となる。
- テーマ・マーケティング手法の実施（第4章）によって、個別の製品の持っている機能と技術と連動させる作業を実施。
- この時に、技術と機能について、知財として確保されているかどうかを確認していくことが最終的な目的となる。

(STEP3) 仮説の再構築：各種ロードマップとの統合による確認
- 技術ロードマップにより必要な技術要素のピックアップと知的財産の特定を行うことで、知財的な視点でのロードマップが確認可能となる。

(STEP4) 仮説の確定：棚卸し候補知財の特定
- 技術マップやロードマップの上に知財（権利）マップを重ねてみる。
- 所有している知財の中で、事業化ロードマップと重なっていない知財が特定可能となる。

(STEP5) 実施：棚卸し実施
- 不要部分の棚卸し実施。

　さらにこの作業全体が完了すると、技術要素や知財の不足部分も判明するので、その調達、ライセンスイン、新しい開発テーマの設定、知財の創成目標設定などの手当てを考えていくこともできます。これも戦略的で重要な知財マネジメント活動です。

第3章のまとめ

(1)企業経営における知財戦略の重要性

　事業推進や事業開発のために必要な、未来の技術を見通すツールの最大のものが知財です。新技術そのものだけでなく知財と事業との関連や知財の強さを見極めないと企業経営を行うことはできません。

(2) 事業性視点での知財価値の評価

　知財の絶対的価値は評価できないので、発明者側から見た価値と企業における価値判断は一致しないことが多くなります。しかし事業化の方向性に合致したロードマップとの関連を明確にすることで、知財価値をより正確に評価することが可能となります。

(3) 知財ロードマップと棚卸し

　知財ロードマップは棚卸しのツールとして使えますが、それを有効にするには経営、事業ロードマップとの関連付けと統合化が必要です。それぞれのロードマップ間との関連付けと統合化するやりとりを繰り返すことで、知財の棚卸しの精度は徐々に向上し、事業化に不足している知財も明確となります。

＜第3章　Q＆A＞

(1) 大企業における知財マネジメントの欠点と MOT の視点

> **Q**：大企業では往々にして役に立たない特許を多数、自己目的的に、(知財組織温存のために) 出願します。そして初期投資を無駄にしてよいのかという理屈でズルズルと無駄な経費を積み上げることも多いのが実情です。これらを防ぐのに MOT 視点での知財マネジメントをどう行ったらよいでしょうか。

A：イノベーションの可能性というのは、特に初期には予測がつかないものです。このため、イノベーションを起こす基礎となるインベンション (発明) の数は企業に余裕があるかぎり、たくさんあった方が、イノベーションの成功確率は高くなります。問題はそのような、研究ステージの特許出願を無目的に保持し続けることです。

　開発ステージになると、特にプロダクト・イノベーションの実現、すなわ

ち新商品の開発のためには、知財の方向性を顧客ニーズにリンクさせておく必要があります。特に事業化ステージでは、実際に使っていく予定の特許や、リスクヘッジの特許などの色分けが事業ロードマップや戦略にリンクして見えてきます。

そこでは企業の目的サイズに適した（例えば5年後の売上目標を100億円規模にする）新事業化テーマの絞り込みと進捗に基づいて保有すべき知財のガイドラインが明確となります。それによって比較的容易に戦略的に事業目的に合致するかどうかの視点で、保持している知財の棚卸しの実行が可能になってくるのです。まさにこれがMOT視点での事業性のロードマップやマネジメントにリンクする知財マネジメントの真髄になります。

(2)ブランドの価値と新事業・新商品開発とのかかわり

> Q：知財の中でブランド(商標)の価値というのは、新事業や新商品開発とどのような関係があるのでしょうか？ MOT視点との関係はあるのでしょうか？

A：一般的にはブランドの価値とは、販売戦略とのかかわりで価値があるといわれます。しかし、新商品や新事業の開発に関して、ポテンシャルとしてのブランド力に相当な価値が存在すると事業化が有利になる可能性もあるのです。

例えばある種の既存商品でブランド価値がある場合、その商品に少しでも関連付けられた製品を開発して上市した場合にどういう反応があるでしょうか？もし、全く初めての製品でブランド力が無いときには、それを上市する場合にはゼロからの出発になり、その新製品の価値を認めてもらうには、多大の努力と我慢が必要です。しかしながらある種のブランド力が製造主体または販売主体にある場合には、それが基盤となりかなり有利なビジネスが展開できます。

すなわち製品を作ることと直接関係のある技術力も信用という意味も含めて広義のブランド力ということになります。この場合の技術のブランド力ということですが、それが強ければ製品不良が発生してもあの会社（ブランド）でさえもうまくいかないのは仕方がない・・・次は大丈夫でしょうということになって顧客は待ってくれたりもしますが、ブランド力がない場合には次の機会は来ないでしょう。

このような視点で事業に影響する知財を広く見ることも MOT 視点での知財マネジメントの考え方の1つと考えます。

(3) 知財投資の回収と MOT の範囲

> Q：経営陣から知財投資の回収が十分にできていないという声が聞こえます。また、知財部門においても投資回収実績についての理論的説明が難しい場合が多くあります。この課題は、R&D マネジメントの範囲か MOT の範囲か不明ですが、知財部門はどのように考えて対処したらよろしいのでしょうか？

A：発明やライセンス自体を目標にする会社であるならば、研究開発成果に対する直接的な投資回収効果で判断できる可能性もありますが、一般的な製造業においては、知財はそのライセンス収益が目的ではなく、本来の事業への付加価値付与が目的となります。すなわち、製造業において知財投資の目的は、それぞれの製品や事業化の競争力強化、事業化への速度アップなどが目的となりますのでその辺の誤解がないように説明することが大切です。

特許出願件数や登録の達成率（特許の場合、新技術についての投資に比較しどれだけ独占権を確立できたか）での議論は可能です。しかし MOT 視点での事業化の達成率、それも事業化初期の成功確率で議論するならともかく、新事業の本格的成否を結論付けるには15〜20年を必要するという意味では、短期的に判断することは極めて難しいという結論になります。

特許についていうと、研究開発や事業化段階を超えて、産業化ステージにおいても発生する特許、またはそれから派生する関連特許を対象とし、それらの有効期間全体を通じて、回収期間と捉える必要があります。すなわち事業が生まれて、終焉するまでが対象となるのでまさに長期の経営的な判断マターとなります。

(4) 出願中の知財の MOT 視点からの評価

> Q：知財による事業の将来の評価（未来事業の担保）の中には、出願中の（権利未定であるが）知財の評価、ポートフォリオ分析も含まれているのですか？

A：その通りですが、一般的にいうと、ポートフォリオ分析は、ある時点での切り口にすぎません。またそれらの評価、ポートフォリオ分析はあくまでも企業の経営ロードマップ、事業ロードマップの時系列的な考え方にリンクさせることが大前提です。

事業実施中の関連特許以外の出願中の知財については、まだ応用分野が確定せず、その価値が未定の場合が多く、その場合は単に研究開発の成功確率を上げるための未来事業の担保、あるいは事業の成功確率向上の手段の一環として位置付けられます。または別の研究のためのシーズの1つとなるかどうか、あるいは競合他社などに有効かどうかが評価対象になります。一般的にはいずれの確率も高くないといえるでしょうが、事業ロードマップの中のポートフォリオの延長線上に技術または知財ポートフォリオとして位置付けられているならば、まさに高い確率で将来の事業化の担保となっていると思います。

新製品の開発競争が著しくスピードアップされている現代においては、権利化未確定のままアライアンスの対象となったり融資の対象となることもあり、これらの評価、分析はますます重要となりつつあります。

第4章
知財関係者が知っておくべき テーマ・マーケティング

　知財関係者が知っておくべきマーケティングとは何でしょうか？本章では、知財の将来の事業性価値を推定するために役立つMOT視点での顧客対応、すなわちマーケティングの考え方を解説します。

　一般的なビジネス系のマーケティングの解説書は書店に行けば山積みされています。また「技術マーケティング」というカテゴリーの本もありますが、そこでは技術の将来像、それも発明レベルの段階での話が多いようです。しかし技術がどのように事業に役立つのかを探るという観点でのマーケティングの本はほとんど見かけません。本書ではその意味でのマーケティングをテーマ・マーケティングと称して説明を進めていきます。

　この内容は、MOTでもようやく体系化されつつある段階といえます。MOTでは技術を対象としていますが、ここではその応用として、知財戦略作りや知財マネジメントにも適用可能な考え方と概要を紹介します。

1．知財マネジメントや知財評価のためのマーケティングの考え方

（1）技術とマーケットの製品橋渡しの役割がテーマ・マーケティング

　知財の目利きをするとはどういうことなのでしょうか？多くの企業がスピード感あふれるメガコンペティションを繰り広げる現代においては、将来の顧客のニーズ（価値）をまだマーケットが存在しない段階から探していくことが、

大変ですが、付加価値を得る最大の方法論になっているのです。

これと同様に知財についても技術の範囲や優位性などについて、将来の顧客や市場の視点を入れてその顧客価値をどのようにして推定し判断するかといった「テーマ・マーケティング」の考え方が知財関係者にも求められることになってきたのです。

テーマ・マーケティングでは、技術を将来にわたってどのようなベネフィットを持つ機能（製品）にしたら、世の中に受け入れられるかということを第一に考えます。そこで顧客から未来のニーズをうまく聞き出すことで、新しい商品を創りだす「もの創り」（プロダクト・イノベーション）につなげていきます。

まさに新事業を創出させ、イノベーションを成功させるMOTのためのマーケティングといえます。

なお、一般的に使われているビジネススクール系のマーケティングでは、既に存在する商品を主要な顧客に売り込むために、現存する巨大なマーケットを指向するマス・マーケティングと呼ばれるマーケティング手法を指しています。

さて、特許が登録されるための特許要件に、進歩性、実用性があります。特許法の法理論はさておき、進歩性については、科学技術の歴史や文献からある程度明確に判断できます。しかし実用性については、特許（知財）をベースに新しい機能を持つ製品イメージをつくるというステップを経由して、初めてマーケットでの検証が可能となります。

テーマ・マーケティングもこれと同じ考え方で、対象とする技術や知財のビジネスへの可能性をチェックすることができます。このマーケティングをうまく行うことでさらに将来に向けた有効な知財マネジメント、知財戦略構築の有力なツールとなります。知財と市場がつながることで、経営全体から見ても知財をうまく絡めて企業の事業戦略を引っ張ることが可能となり、大変有用なポイントとなります。

顧客のニーズが明確になっていない段階でのマーケティングの流れを、MOTの全体フローを用いて考えてみましょう。その考え方を図4-1に示しましたが、研究開発を行う前に顧客が将来にわたって何に困っているのかを探

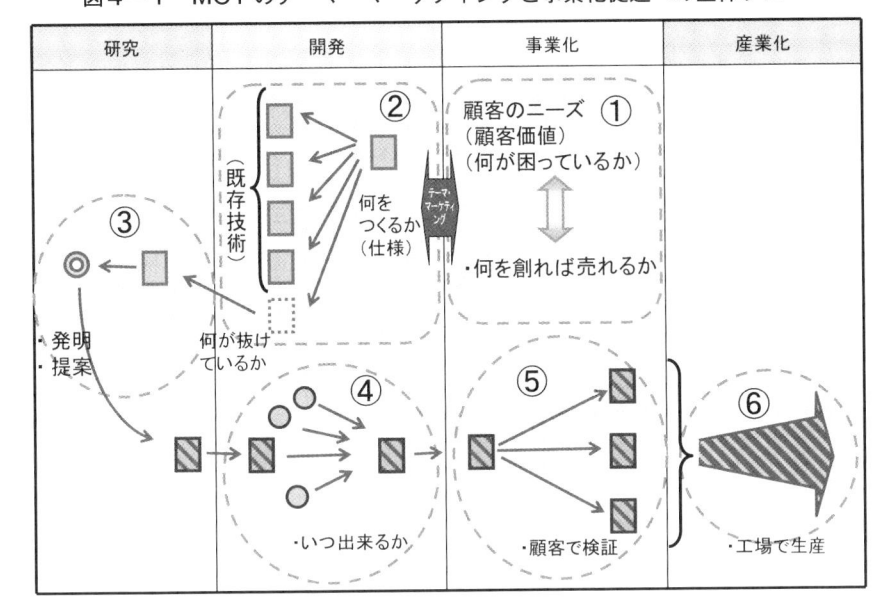

第4章　知財関係者が知っておくべきテーマ・マーケティング

図4-1　MOTのテーマ・マーケティングと事業化促進への全体フロー

研究	開発	事業化	産業化

（既存技術）
何をつくるか（仕様）
②
① 顧客のニーズ（顧客価値）（何が困っているか）
テーマ・マーケティング
・何を創れば売れるか
③ ・発明・提案
何が抜けているか
④ ・いつ出来るか
⑤ ・顧客で検証
⑥ ・工場で生産

り出すことが第一となります。事業化への各ステージの中の位置付けでは開発と事業化の間の大きな矢印部分が実際のテーマ・マーケティングのポイントになります。

　このつなぎの部分ではまだ存在しないマーケットの中で、顧客の要求を技術仕様に落とし込むというマーケティングが必要になります。従ってこれを一般には技術マーケティングと呼ぶことが多いのですが、本書では開発テーマを決めるためのテーマ・マーケティングと呼んでいます。

　このマーケティング手法は開発・事業化のためのマーケティングであり、ハイテクをベースにしながらニッチな市場を対象にするという意味ではニッチ・マーケティングとも呼べます。

　知財についていえば、顧客側から求められるテーマ（製品イメージ、仕様）が、取得または保持している知財（特許）の権利範囲に入っていれば、まさにその知財は将来価値が高いということが明らかになります。

テーマ・マーケティングにおいては、マーケットのニーズから出てくる製品イメージと顧客価値を固めることが必要となります。そのマーケティングの分類を営業や開発活動と一緒に対比させて示したのが図4－2ですが、テーマ・マーケティングの相対的な位置付けは、ほぼ開発ステージに重なるものです。

図4－2　MOTのマーケティング（テーマ・マーケティング）の位置付け

役割分担	スコープ	対象マーケット	ポイント	ステージ
営業	現在	主流マーケット	品質価格重視+追随主流	産業化
マーケティング（1）セールス・マーケティング（MBA系）	現在一近未来	主流・準主流マーケット	新しいものづき+品質価格重視	事業化
マーケティング（2）テーマ・マーケティング（MOT系）	**中期一長期**	**初期、萌芽マーケット**	**ニッチ+新しいものづき**	**開発・研究**
開発（製品）	中長期	初期、萌芽、潜在マーケット	ニッチ（オタク）	開発・研究

（2）知的財産評価になぜテーマ・マーケティングが必要か

通常のマス・マーケティングが新規商品や新事業化で役立たないというのは、マーケットや商品自体がまだ存在しないからであり、ある意味では当然です。

知財の事業性の評価や検証の方法と新しい技術をベースにした将来マーケットへの新製品提案と検証作業はまさに同一です。この場合には、まず萌芽的なマーケットを探す、ニッチ指向型のテーマ・マーケティングとして新しい商品コンセプトを明確にしてマーケットを創り出すことが主体となります。この手法は知財の将来価値を見積る場合にも必要です。

MOTのテーマ・マーケティング活動とは、将来顧客が欲しがるものを探求し特定して、それを開発テーマとして捉えられるレベルにまでブレークダウン

することです。開発テーマの創成、再構築、ブラッシュアップに不可欠な重要な役割を担います。そして、第3章で述べたように、この結果が知財の将来の価値を見極めたり、知財ロードマップのマイルストンを設定することにも使えることになります。

2．マーケットのカテゴリー分けとベネフィットの把握

(1)顧客と市場の絞り込み

　知財をその将来の事業性をベースに評価していこうとするときに重要なのは時間軸の明確化とマーケットのライフサイクルの中でのポジショニングです。

　対象とする知財がどの時期に研究・開発を経て事業化されてくるかは重要な問題です。一般的にマーケット（顧客需要）における商品のライフサイクルは時間軸とともに統計的な分布によって示されます。商品のライフサイクルの初期段階では特にターゲットとすべき顧客の確率論的な分布とセグメントの内容に注目することが必要です。この基本分布の構成はロジャースの分布としてよく知られています（図4－3）。

　この図に示されているように、マーケットは幾つかの領域に区分化（カテゴライズ）されており、事業化を試みている商品がそのライフサイクルの中で今

図4－3　プロダクトライフサイクル（PLC）とロジャースによるベルカーブ分布
（出典：EMロジャーズ「イノベーション普及学」産能大学出版部1962年刊より）

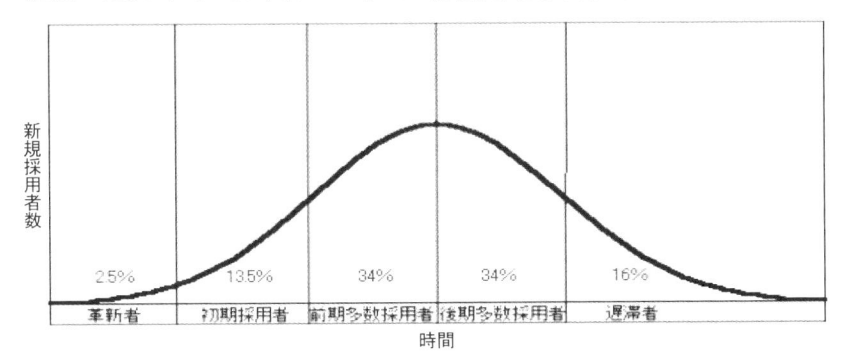

縦軸：新規採用者数　横軸：時間
2.5%　革新者 ｜ 13.5%　初期採用者 ｜ 34%　前期多数採用者 ｜ 34%　後期多数採用者 ｜ 16%　遅滞者

どのようなマーケット領域(カテゴリー)にポジショニングされているのかという時期的な位置付けの見極めが重要となります。

それぞれの知財の市場性や実用性について考えるときは、まずはロジャースのベルカーブのような市場の概念モデルを用いて潜在するマーケットの全体ライフサイクルについて検討し、仮説を構築することが必要です。その場合、潜在マーケットといえども、想定顧客の中身を注意深く分類して見ることが必要です。マーケットのトータルサイクルは必ずしも連続的でないことも多いので、マクロからミクロにも具体的に分類(カテゴライズ)してみていくことが重要となります。

具体的な知財マネジメントとしては、第一ステップとして顧客のおおまかな全体分布の把握の後、分布の区分(セグメント)化を行い絞り込みます。知財と関連する新製品に関連したユーザーのタイプや使用頻度、関連性などをもとに、顧客(候補)を分類してセグメント化していくのが基本となります。

次に、それぞれのセグメントにおいて、競合相手や自社の持っているリソース、企業の戦略上の目標などを検討しますが、製品の時期に関する推定ができてくれば知的財産評価のための基本線が見えてきます。幸いなことに新しい技術のマーケットに関して大変役に立つガイドラインとして「キャズム理論」があり、ここではその概要を紹介していきます。

(2)マーケット構造の不連続さとターゲット層の明確化

米国の著名なマーケッターであるジェフリー・ムーアが提示した「キャズム理論」(図4-4)では、ハイテクのような新しい製品を世の中に出す場合に、マーケットの顧客セグメントの間に溝が存在することを示しました。知財の将来の価値を検証する(目利きする)ための技術ロードマップや製品ロードマップ作りの立場でこの顧客セグメントとマーケットの溝の意味を考えていきましょう。

もしマーケットが連続的であれば、最初に購買層として立ち上がるオタク(イノベーター)を対象に売っていたものと同じものが、時間と宣伝を掛けていけ

図4-4 「ハイテクをブレークするマーケティング理論」(翔泳社、2002年刊ジェフリー・ムーア(著)、川又政治(訳)キャズムから引用)

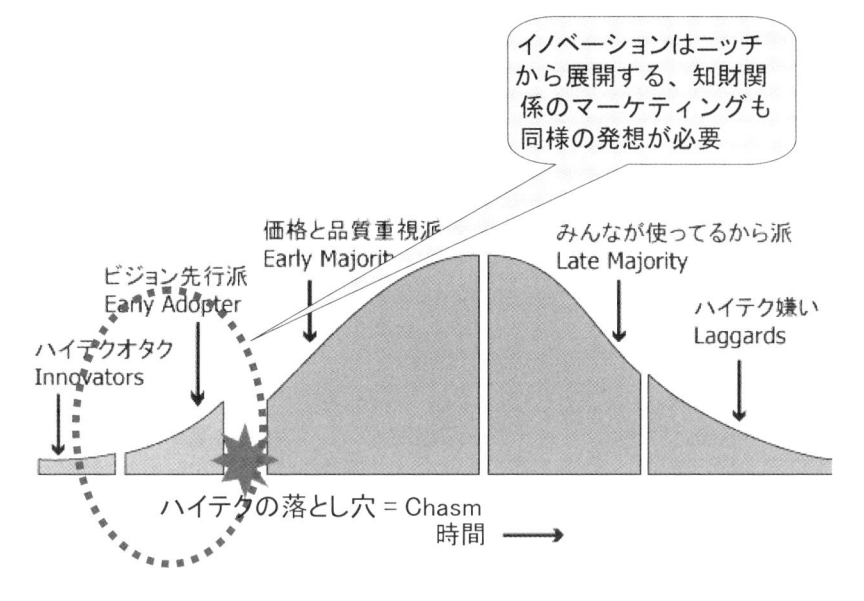

イノベーションはニッチから展開する、知財関係のマーケティングも同様の発想が必要

価格と品質重視派 Early Majority
みんなが使ってるから派 Late Majority
ビジョン先行派 Early Adopter
ハイテク嫌い Laggards
ハイテクオタク Innovators
ハイテクの落とし穴 = Chasm
時間

ば自然にマーケットに浸透していくはずです。しかし、実際にはそうはならず、次の層には別の仕様の製品を継続開発していかなくては売り上げが止まってしまうというのがこのキャズム理論から得られる結論です。

　新事業というのはマーケットの不確定性が高いだけでなく、次々と新しい仮想の顧客層の寄せ集めになると考えられます。最初にどの層をターゲットとして選べばよいのかという実務上は大変重要な問題が生じます。図に顧客層の構造とキャズムの位置を示してありますが、その中で時間軸的には最初の端初部分(マルで囲った部分)からマーケティングにいくのが王道です。

　この市場構造の仮説によれば1つの特許だけで製品開発すればそれがずっと売れていくのではなく、次々と改良特許を確保しつつ新しいバージョンを開発していかなければ、最終的な商品化、事業化は難しいという結論になります。

　知財の評価のための現実的なマーケティングの場合も、いきなり大きい層(マジョリティ)を狙ってヒアリングをかけるのではなく、まずはニッチな層を狙っ

ていわゆる初期ニーズを把握してから、巨大なマーケット候補を推定して、知財の将来価値を検討することが必要となります。

（3）ベネフィットを語ることで顧客と対話する

　企業が提供するのは技術や機能であり、顧客が求めるのはベネフィットで、そこをつなぐのがマーケティングであるということができます。このことについて知財マネジメントとの関連で説明しましょう。

　一般的に特許は新技術の塊です。このため、技術関係者、知財関係者などが何の準備もしないで顧客のところに行って話をしても単なる特許や新技術の紹介になってしまいます。

　まだ存在しない製品のための特許価値の可能性を知るには、その可能性を製品イメージという形でブレークダウンして顧客候補に明確に示す必要があります。

　これまでの企業の売る側に立ったマーケティング理論から、顧客にとっての満足や便利であることという「ベネフィット」の仮説が、知財の将来価値の探索の際には必要になっています。「ベネフィット」は製品のスペック、機能と対比させる言葉になります。すなわち顧客のうれしさ、喜び、満足が具体的にどのベネフィットと結合しているかを明確にしていくことを忘れずに、顧客視点で仮説として対応できるかどうかがポイントとなります。

　図4-5では、特許技術とマーケットをつなぐ対話が可能になる考え方として、特許技術と顧客（市場）との間に「機能（ファンクション）」と「利便性（ベネフィット）」の2つのレイヤー（層）を入れることをイメージ化して示しています。顧客に新製品とは何かを説明するとき、最も効果的なのが、その利便性（ベネフィット）について顧客と会話し説明することとなります。

　仮に機能のところで会話をしようとしても、顧客は製品が存在しない段階ではなかなか自分が得られる利便性について理解できないことが多いからです。

　そのため、まだ存在しない製品のための技術や知財の可能性を知るには、ここからその特許技術の可能性を「製品イメージ⇒ベネフィット」という形にま

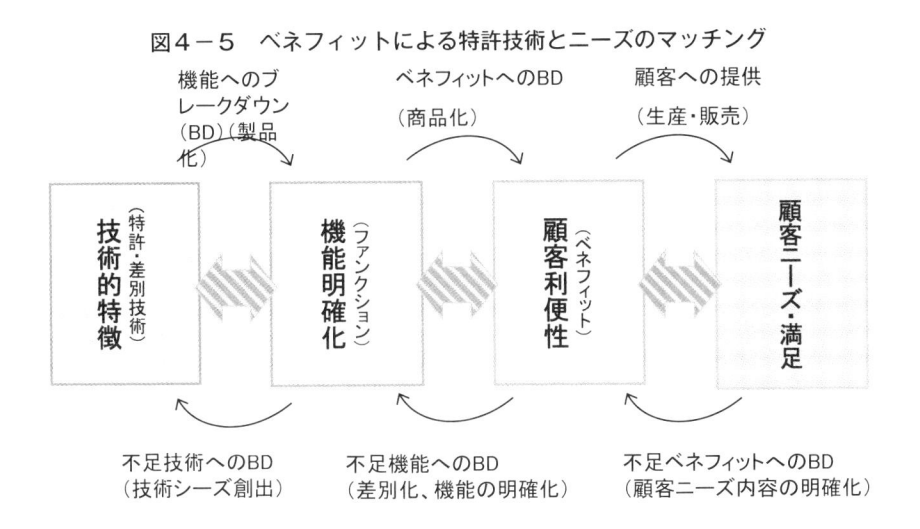

図4-5 ベネフィットによる特許技術とニーズのマッチング

```
機能へのブ         ベネフィットへのBD      顧客への提供
レークダウン         (商品化)              (生産・販売)
(BD)(製品化)

[技術的特徴    ]→[機能明確化  ]→[顧客利便性 ]→[顧客ニーズ・満足]
 (特許・差別技術)  (ファンクション)  (ベネフィット)

 不足技術へのBD    不足機能へのBD         不足ベネフィットへのBD
 (技術シーズ創出)  (差別化、機能の明確化)  (顧客ニーズ内容の明確化)
```

ずはブレークダウンする必要があります。

　このようなマーケティングの準備活動を十分行うことにより、技術者(や知財関係者)において見られがちな「技術を語る」(特許の内容を一生懸命語る)ことを防ぐことができます。大多数の顧客候補は話をある程度は聞いてくれますが、技術(知財)談義のみに終始したのでは意味がありません。それでは、「技術(特許)には興味を持ってくれましたが・・・」との反応で終わってしまいます。

　まずは顧客のベネフィットを語ることで顧客との対話を行う姿勢と、そのための周到な準備が大切です。

3. 知財の事業性評価に必要なマーケティング・プロセスの実際

　知財を活用していくためには、技術成果を将来の商品展開にどのように活かしていくかというマーケット視点での評価と検証が大切だということを述べてきました。ここではもう少し具体的に、知財の価値を評価するマーケットの観

75

点での検証プロセスの例を紹介します。

（1）テーマ・マーケティングの注意ポイントと実行プロセス

　まずは技術や知財の役割と位置付けを明確にしていきます。その上で、技術（知財）をもとに顧客のところでの潜在需要や将来のニーズを見つける作業を行ないます。その際には下記の点に注意することが必要ですが、これらの注意点は知財や技術のロードマップ作成のためのターゲットやマイルストン設定のためのポイントにもなります。

　　①どの顧客に会いにいくか（顧客（候補）の分類、区分け、絞込み、優先順位付け）・・・キャズム理論の応用
　　②いつまでに何を提供するか（顧客との対話による顧客の未来予測、ターゲットの推測とマイルストン設定）・・・ベネフィットによる対話
　　③未来のマーケット規模の推定（企業として開発投資を行う価値があるか、どこまでリソースを割くかの経営判断）・・・フェルミ推定の応用による推定

　これを、実践フローチャートとして図4－6に示してみました。以下それぞれのSTEPの概要について説明します。

STEP1：テーマ・マーケティングの目的と準備

　このマーケティングの最終目的は何か？誰のための、何のためのマーケティングか？そのための手段は何かをまずは明確にします。顧客候補に会いに行くときは、単なる知財の技術説明ではない、真の目的（何を得るためか）とは何かを仮説的に考えておくと事前に準備するものが変わってきます。

　特に顧客にとって将来どのようなものが必要かについては、こちらから対象とする知財（技術）をベースにした具体的な商品イメージの提案ができて、なおかつそのベネフィットが顧客に明確に説明できないと、顧客から何かを得ること、聞き出すことは難しく、せっかく訪問する意味が薄くなります。

図4-6　知財におけるテーマ・マーケティングの実践的プロセス例

- STEP1：テーマ・マーケテングの目的と準備
　　　　　　　　　　　　　　（対象知財の選定）
- STEP2：どこにいくか？顧客のカテゴリー分け
　　　　　　　　　　　　　　（知財の用途仮説設定）
- STEP3：どんな話をすれば対話になるか？
　　　　　　　　　　　　　　（知財の用途検証）
- STEP4：まだないマーケットをいかに推定するか？
　　　　　　　　　　　　　　（知財の将来価値推定）
- STEP5：ターゲットとマイルストン明確化
　　　　　　　　　　　　　　（知財の価値推移の仮説）

STEP2：どこにいくか？顧客のカテゴリー分け

　手当たり次第に、顧客候補のところに行くのは、時間と費用の点で得策ではありません。顧客候補の優先順位を、論理的に納得できる形で付けていくことが必要となります。この考え方の方法論と分析・評価の軸を与えるものが既に述べたキャズム理論による顧客のカテゴリー分けです。

　事業化の進捗状況と顧客側の成熟状況に応じて、訪問する顧客のセグメントを変更していくことが大事になってきます。このステップでは知財の用途仮説に基づく整理が必要ですが、理論は概念モデルとして維持しながら、実務上は幅広く対応できるように、その場で臨機応変に変更する柔軟な対応が求められます。

STEP3：どんな話をすれば対話になるか？

　顧客候補を分類して、優先順位に従って訪問して、知財にかかわる技術説

明をするだけではそのマーケティングの効果は期待できません。さらにいうと、特許技術の機能説明だけでも足りません。なぜならば機能や仕様だけでは、新しい製品の場合イメージがつかみにくく、そのメリットが顧客には分かりかねるからです。

このため顧客のベネフィットを（仮説として、間違ってもよいから）明確にすること、一番よいのはその技術を用いて将来できるであろう製品のモデルか、一番の訴求ポイントのところのプロトタイプ（おもちゃ、のモデルイメージでOK）を持参して、そのプロトタイプから顧客がうれしいと思う「ベネフィット」を語ることです。

顧客のベネフィットがつかめればそれを機能や技術仕様に落とし込むことはそう難しいことではありません。その上でその機能、技術仕様と知財の内容を比較すれば知財の将来のポテンシャルが見えてきます。いわゆる知財用途の検証ができるのです。

STEP4：まだないマーケットをいかに推定するか？

新規事業のマーケットはまだ、存在しない場合が多いのです。この場合のマーケット規模をどのように推定していけばよいのでしょうか。また売り上げやシェア、さらにいえば利益の規模算定についても同様です。

ロードマップやビジネスプラン策定の場合には、取りあえずはビジョンだけでなく、おおよそのマーケット規模を推定するのが必要となりますが、その方法論としてはフェルミ推定法が今のところ一番理解しやすく、また使いやすい方法といえます。

なおフェルミ推定法とその応用については、本書では付録2のところでその考え方と概要を説明してあります。

STEP5：ターゲットとマイルストンの明確化

想定顧客への技術（テーマ）マーケティングを実施してきた後、前述の図4-5に従って、顧客のニーズが機能から技術仕様へブレークダウンできれ

ば、当面の開発ターゲットが明確になります。

　さらに、それらの複数の顧客候補の意見を整理して、マーケットを定量的にフェルミ推定し、途中完成度のモデルをつくることで知財の将来価値推移のマイルストン（いつまでにどの位まで達成すれば、将来どの程度売れる‥）の感触をつかむことができるようになります。

（2）知財評価のための実際のマーケティングの実施時期

　「キャズム理論」の適用によって、マーケットの構造やそのカテゴリー別のおおまかなニーズの傾向が判明してきました。ここでは、知財の評価という観点でテーマ・マーケティングと事業化ステージとの対応について検討してみます。

　知財（この場合には特許）の評価対象の将来価値の推定の時に必要になるのは、マーケットのニーズや要求（デマンド）から具体的な商品イメージが展開できるかどうかですので、その検証の順番をあらためて考えてみましょう。

　キャズム理論では初期市場とメインストリームの市場の間に大きな「溝（キャズム）」があることを示していますが、市場にはイノベーションに対する感性の高い2種類の人種、すなわち新しいものずき派（アーリーアドプター）と品質と価格重視派（アーリーマジョリテイ）が最優先の対象となります。

　イノベーションに感性の高い層（イノベーター、アーリーアドプター）からニーズを把握し、全体のトレンドを現実に欲しい商品イメージ、仕様へとフィードバックするわけです。コアになるのは「技術」ですが、その技術は製品仕様の明確化とつながって、知財化されているから「コア技術」なのです。

　さらにこの中で知財化されている部分を検討することで技術ロードマップから知財ロードマップへの落とし込みが可能となります。このコアと権利化状況とのつながりが示され、顧客サイドの製品の最終目標（ターゲット）と途中目標（マイルストン）が明確になってくればいうことはありません。

　また最終的に事業ロードマップと技術や知財ロードマップが関係付けられることで、オープン・イノベーションといわれる将来のアライアンス構築のための基本俯瞰図（戦略マップ）のベースが得られることにもなります。

(3)テーマ・マーケティングと知財ロードマップの関係

　新事業を推進する場合、研究ステージが完了して開発ステージに入る時に、想定製品のターゲットとマイルストンが設定できれば、次にそれを検証する役割が「マーケットの顧客との対話による検証作業」であり、これがある程度できてくると市場（顧客ニーズ）を戦略的に捉えることができるようになり、知財も戦略的に捉え、評価、マネジメントができるようになります。

　事業と技術・知財ロードマップをつなぐ製品・商品ロードマップの作成の意味は、いわゆるテーマ・マーケティングの結果をもとにした知財評価への第一歩ですが、次の点を考慮することが必要になります。

　①事業・・・・事業領域と想定マーケットを明確化
　②製品・商品・・・・イメージと機能と顧客を明確化
　④技術・技術要素・・・目標値の設定（定量化）

　ロードマップの目標とマイルストンの設定については、注意すべき点があります。製品ロードマップから技術ロードマップへ落とし込む時に、さらに知財ロードマップに変換していく時でも同じですが、往々にして技術者は完全であること、すなわち100点満点を目指す傾向があります。しかし、それではいつまでたっても完成しません。すなわちマイルストンは自分の都合でなく顧客の都合によって決めることを肝に銘ずべきです。

(4)マーケティングを利用した知財ロードマップの統合化

　マーケティング成果を利用して各ロードマップの統合のプロセスを検証する場合、最も重要なポイントは、技術部門と知財部門とが共通語で戦略の共有化ができることです。その時には技術ロードマップは既に製品ロードマップ、事業ロードマップと関係付けられ、統合化されている必要があります。このことにより事業戦略と知財戦略の関連付けが可能となります。各事業領域別の新商品イメージの技術ポイントの明確化によりマーケットでの検証が可能となります。その具体的なイメージを図4-7に示しました。

図4-7 知財ロードマップと事業・製品・技術ロードマップ、マーケティングによる検証

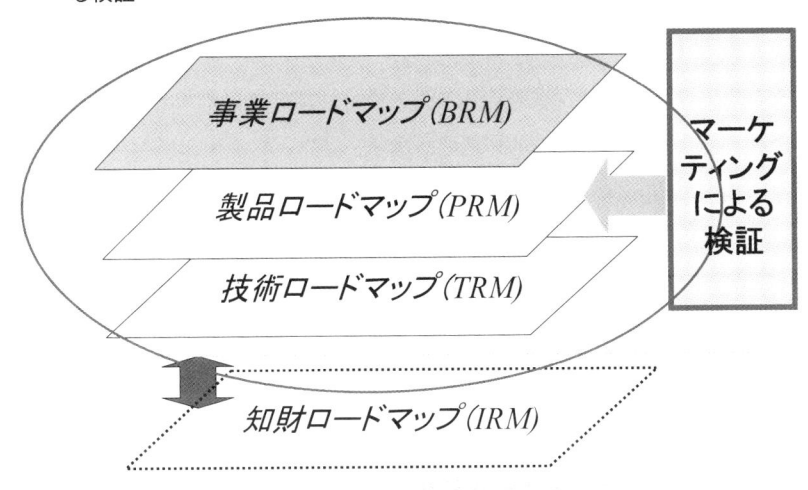

　ここでは詳細な説明は省きますが、実際のロードマップ作成作業においては、各商品別の必要な機能と時系列的な市場投入計画の検証を行います。これをそれぞれに使用する技術の課題と実現時期の設定と検証につなげ、最終的には技術ロードマップから知財ロードマップの活用と適用、そしてアクションプランへと全体をつなげていきます。

第4章のまとめ

(1) 知財の事業性価値

　既に実用化してマーケットの評価を受けている著作権、特許権、意匠権や商標権などの価値評価は比較的容易ですが、まだ研究開発段階の知財権（特に特許権）については各ロードマップやビジネスプランをどのように描けるかによって、価値評価は大きく変化します。

(2) 知財に必要なマーケティングの意味

MOT のマーケティングは売るためのマーケティングではなくて、あくまでもどのような開発製品を作れば顧客にとって価値があるかを判定し絞り込むテーマ・マーケティングです。この手法は技術評価にも、また特許の事業価値に関する1次的な評価にも応用できます。

(3) 知財ロードマップのマーケティングによる検証

事業ロードマップと統合化された技術ロードマップから知財ロードマップが設定でき、新事業展開や経営に役立ちます。また逆に、そこではマーケティングによって検証された知財ロードマップにより、技術ロードマップや事業ロードマップの強さ、将来のオープン・イノベーション構築力に対する検証も可能となります。

<第4章 Q&A>

(1) マーケット主導型商品の知財マネジメント

> Q：最近は新技術が無くてもマーケット主導によって従来技術の組み合わせとコンセプトでヒットする新製品が増加しています。この種の新製品の知財マネジメントで特に注意すべきところはどこですか?

A：マーケット主導での新商品開発は顧客対応やプロダクト・イノベーションの観点ではまさに時機を得た対応です。今後もこのようなニーズ主導型の製品開発はますます多くなっていくでしょう。その時に大切なのは、メーカーとしてのコンピタンス（強み）を生かすことであり、このような点をどのように知財権として確保するかが知財部門の智恵の出しどころです。

一昔前の特許戦略としては、新製品を製法上のプロセス特許で差別化し、保護する考え方が主流であったのですが、プロダクト・イノベーションの現

代では、種々の知的財産を複合的に用いて新事業や新商品を保護する戦略的な知財マネジメントが主流になりつつあります。

例えば、この質問のように新技術がない場合は、新製品を多面的に、切り口を変えてさまざまな知財の観点から観察し、トータルなプロダクトとして再構成してみることが必要です。すなわち個々の要素に分解して新製品に含まれるあらゆる知財(意匠、著作権、ノウハウ等も含む)を明確化し、上記コンピタンスを意識しながら現在、将来においていかに知財で保護するかを考えて、うまくそれを特定することができれば知財権で保護された新商品の再構築が可能となり、次への流れを作ることが可能となります。それが事業につながる知財マネジメントということになります。

(2)マーケティング情報と知財マネジメントをつなぐには

> Q：現状では、マーケティングの情報をうまく特許出願、権利化に活用できていません。このためせっかく開発しても新商品の競争力が弱く、赤字の続く新事業展開となっています。知財マネジメントでどのように対処すべきでしょうか。

A：新事業展開においては他のことはさておき、まず、顧客のニーズと新製品、新商品がマッチングしているのかを第一に考えることが重要です。

知財マネジメントとの関係でいうと、知財ロードマップと事業ロードマップがうまくつながっていないときには、マーケティング情報を知財に結び付けることが大変難しく、そのままだと結果として知財の力を新事業の競争力につなげることができなくなってしまいます。

知財ロードマップが技術ロードマップとつながる構図は、知財担当者にも比較的よく理解できると思いますが、マーケティングから得られる顧客サイドのニーズの検証結果を的確に製品、商品ロードマップに落とし込み、かつこれを技術ロードマップにうまくつなげることが意外と難しいのです。

これは、技術担当者がマーケティングに慣れていないこと、技術者としてのプライドが自己のテーマをマーケティング結果に素直に従わせることに抵抗があることなどに原因があります。そもそも、日本の企業にはまだまだMOTのマーケティングが根付いていないからといえるかもしれません。

マーケティング情報により知財を有効に機能させるためには、事業・製品・技術と統合化されたロードマップが知財ロードマップとつながる構図が大切です。このことで競争力の強い新商品開発、利益の得られる新事業展開が可能となると考えられます。

(3) 市場が大きくない場合などの大企業の知財マネジメント

> Q：あるイノベーション（の初期）には成功したが、結局は読みが外れ、市場のニーズがその後大きく変わったり、特許が有効に機能しない低価格市場が形成されたりして、思惑が大きく外れた場合についての質問です。研究開発に伴う投資の損失を既に確保した特許でリカバリーするということが考えられますが、そのためには、知財マネジメントとしてどのようなことを考慮すべきですか？

A：イノベーションには成功したが目前での事業には失敗した場合に、逆に知財収益が拡大する例は過去にもあります。この場合、知財戦略および知財マネジメントの成果では成功した企業に劣らなかったことの証であり、研究・開発ステージでの発散的知財管理が功を奏したものと考えられます。

しかし通常は、「事業の失敗」＝「知財でも失敗」のケースの方が多いと考えられますので、事業化の再チャレンジの可能性、知財のライセンスでの活用についてまず検討し、それらが否定される場合は速やかに知財の棚卸しを行うべきでしょう。

また、大企業の新事業展開では、往々にしてイノベーションには成功したが、規模の大きな売り上げには失敗した（マーケットが短時間で大きくなら

なかった）ということが多発します。このような比較的小規模なイノベーションは、大企業では売り上げが少な過ぎるという理由で中止になることも多いのですが、このような時にこそ知財権を中小企業や分社化している中小規模の関連企業に渡すべきです。

　ある程度の世の中のニーズがあるが、現状では企業規模的に自社にとってはマーケットサイズが合わない時でも、将来の展開が読めない場合には、特に要注意です。これから市場が大きくなる可能性もあるし、新市場が形成され始めていることもあり得るからです。この時は、当面は知財移転かライセンシングで中小規模の企業での事業化を進めるべきです。そして、できればこのような会社とある程度の資本関係なども保持しておき、将来市場が拡大してきた時には、再びその会社を買収して傘下に組み込むことを可能とする布石を打つことなども有効な対策です。

　一方、特許が有効に機能しない低価格市場については特許以外の知財権、例えば意匠権、商標権、技術ノウハウなどの活用を考えるべきです。事業戦略としては自らもその市場への参入、その担い手のベンチャー企業等との提携を考えることも必要ですが、その時にも知財の活用の検討は当然必要となります。

　このようにMOTの持ついろいろな戦術を用意し知財を使い分けることが、新事業をうまく生かす戦略的知財マネジメントということになります。

第5章
知財マネジメントとオープン・イノベーション

　イノベーションの重要性がますます認識されてきて、知財関係ではオープン・イノベーションの重要性と役割が強調されています。では知財とオープン・イノベーションとどう関係するのか、他の組織体と何を一緒にやればよいのか、競合と協業の相反する課題とは何か、さらに標準化の問題はどのように考えるのかなど、分かったようで分かりにくいところがあります。

　新事業の展開の時の知財マネジメントについては、従来の差別化、独占化のための知財マネジメントから、顧客価値の早期実現のための協力化、協業のための展開に主軸が変化してきていることは既に述べてきました。

　本章ではこの変化に伴う、知財を活用した各種アライアンス（連携、同盟）について検討していきます。特に、最近ますます重要になりつつあるイノベーション創出に向けた中小・ベンチャー企業と大企業との連携に関する、契約・ライセンスをキーワードにした、双方がWIN－WINになる知財マネジメントの実際を解説します。

1．オープン・イノベーションと各種アライアンス

　企業が開発をベンチャー企業に委託したり、共同で開発をする際に考えるべきポイントは何でしょうか？その答えはまさに新事業を早期に実現するためのオープン・イノベーションの解そのものであり、知財と深くかかわっています。

(1)オープン・イノベーションとは

　一昔前までは新技術を事業化する時に、自前で研究、開発し事業化のサイクルを全部こなす会社が一流の会社といわれてきました。しかし米国先端企業においては、既に1980年代の半ばごろから自社内だけで事業化サイクルを完結するスタイルは放棄され始めていました。

　現在では業種によらず優良会社の多くが、自社の役割を得意な分野に絞り込みつつ、いろいろな相手と協業してイノベーションに挑戦し（アライアンスや連携などを活用し）早期事業化を行うのが一般的となっています。これは上市のスピードを早める点からも、開発コストを削減する点からも、1つの企業ですべてのステージに対応することに無理が生じたためです。

　さらに商品の顧客価値（付加価値）を高めるには2社以上の企業で協力してスピード対応することが効果的と考えられたためで、それがオープン・イノベーション時代到来の大きな理由ともいえます。

　ここでは自社だけで新規事業などのイノベーションを自己完結する場合をクローズド・イノベーションと呼び、他の組織体に対して自分の組織体をオープンにして、さまざまな関係を持って新規事業を行うことをオープン・イノベーションと呼びます。このオープン・イノベーションの考え方をうまく使うことで、これまで各社でクローズドにしまい込まれていた技術（知財）をうまく活用でき、事業化を早めトータルコストを削減できます。

　MOTの視点では、事業化の目的はいうまでもなく顧客価値の実現ですが、メガコンペティションの現代にあってはその最重要な要素の1つがイノベーション達成のスピードとなります。すなわち、この時の知財の役割は差別化よりは、アライアンスの担い手として新規事業の成立とその製品の顧客への提供スピードを早めることに重点があります。

(2)ネットワークとアライアンスの違いとは

　組織体と組織体との関係をあらわす時、ネットワークという言葉がよく使われます。アライアンスもある種のネットワークであるという捉え方もできます

第5章　知財マネジメントとオープン・イノベーション

図5－1　アライアンスとネットワーク／クローズドとオープン

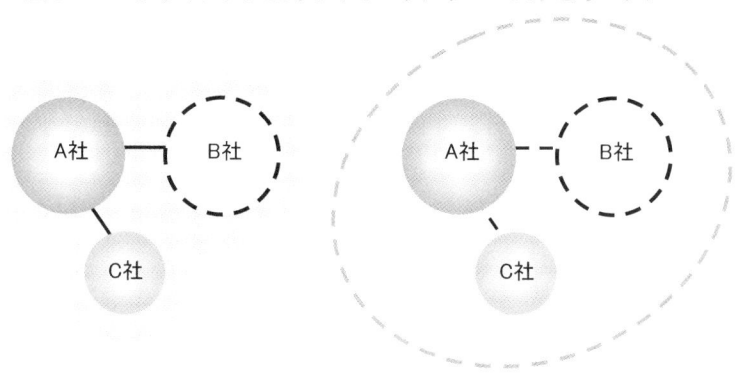

(イ)アライアンス(A-B、A-C)　　　　(ロ)ネットワーク(A-B、B-C)
(外部から閉鎖(クローズド)されている)　　(外部からオープンである)

が、ここでは両者を区別して使っています。すなわち、アライアンスとは何らかの約束、契約の下で2つ以上の組織体が共同で何らかのアクションを起こす同盟関係であると考えます。他方、ネットワークは情報をやりとりするだけの関係であると考えます。アライアンスは責任と義務などを伴いますが、ネットワークでは情報の交換は別として、責任、義務や共同の行動は必ずしも伴いません。

次にオープンとクローズドの関係の違いを図5－1にイメージとして示してみました。通常アライアンスでは（共同体は）外部からはクローズドであり、ネットワークはオープンであるともいえます。すなわちクローズドの中で、アライアンスでは相互に責任や義務を負担し、またそれに対する対価の移動が発生しますが、ネットワークの中ではそういうものは原則として発生しないといった違いがあります。

(3)連携はアライアンスか？アライアンスの再定義と3つのパターン

アライアンス論としてはいまだ確立した定義はないのが実情ですが、類似の用語で「連携」という言葉もあります。産学連携が代表的なものといえますが、

これは共通の目的のためにある部分だけ協力しあうというゆるい関係であり、英語ではコラボレーションが該当します。

本書では、ビジネス上行動を共にする契約関係を持つ場合をアライアンスと呼びます。もともとアライアンスは同盟関係を意味しますから、単なる連携＝コラボレーションとは本来区別して考えた方がよいでしょう。

しかしながら、産学連携は相手先の探し方や相互関係についてある程度の期間にわたって契約を結ぶなどアライアンス的な側面も持つので、ここでは広い意味でのアライアンスの一種として取り扱います（産学連携の詳細については第6章で扱います）。

アライアンスは通常、目的や必要性が先にあって相手を探すものですが、新事業開発自体を目的とした場合には、まずは「アライアンス（連携）によってどんな新規展開ができるか」という切り口で、もう一度問い直すことも必要となります。

図5－2　産＝産・学・官の連携パターン

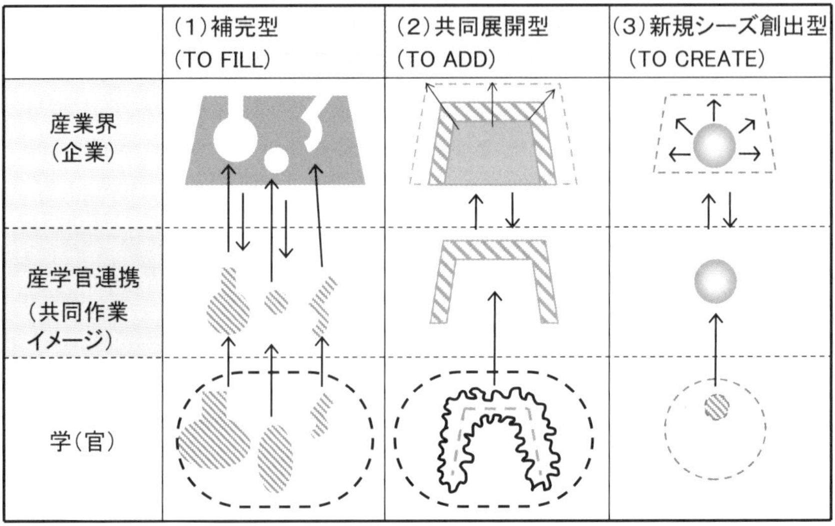

	(1)補完型 (TO FILL)	(2)共同展開型 (TO ADD)	(3)新規シーズ創出型 (TO CREATE)
産業界 （企業）			
産学官連携 （共同作業 イメージ）			
学（官）			

アライアンスによる2つの組織の関係を3種類に分類して整理する考え方を示してみました（図5-2）。これは、筆者が実際にアライアンスを模索していた時に「どことどうアライアンスや連携を行うべきか、否か」という判断のベースとして考案し使った考え方です。これらの観点は、新事業の展開の時に、2つ以上の組織の間で知財の取り扱いについての契約を検討する上での基本的な相互関係の考え方として利用できます。

①補完型（TO FILL）：既に製品に近いものを持っているが、差別化が足りない場合や、商品としての魅力がない場合の補完的関係の構築といえます。完成度を高めるために欠けているパーツを補うという考え方で、この時には、アライアンスというよりは単品的な新技術導入や知財ライセンス関係が主になります。

②共同展開型（TO ADD）：自社の既存基盤技術の強み（台形の基礎部分）を認識し、これを融合技術や新しいマーケット向けに発展させるために必要な部分（台形にかぶせる部分）を広く連携先やアライアンスから入手して、全体に発展して強くなろうというパターンです。一般的に新事業創出戦略をとる場合には、比較的成功確率が高いおすすめのパターンですが、展開可能性の範囲が広いだけに最初の時点でそれぞれの知財の範囲を明確化しておくことが必要です。

③新規技術シーズによる創出型（TO CREATE）：独自な技術シーズをもとに、新規に事業を開拓していくパターンで、その会社にとっては落下傘型ビジネス展開となります。技術的な差別化が著しいが、自社内にある原資は限られており、マネジメントレベルによる新分野への進出の思い入れが強い場合に可能性があります。この場合、どのように展開するかよく見えないことが多いのですが、何らかの基軸を明確にすることで将来の紛争を未然に防ぐことが必要です。このことに気を付ければ、知財の扱いについては比較的明確です。技術シーズが大学などから来た場合、その範囲と将来の関連特許などの位置付けについてあらかじめ打ち合わせをしておく必要があります。

(4)コア技術や技術シーズと３つのパターンとの関係

上記３つのパターンに沿って、具体的にコア技術や技術シーズがどのように関連するかを、もう少し実践的な観点で検討していきます。

まずは①のパターンでは、やるべきことはあくまでも未完成製品への補充（ローテクの改良）用技術の探索です。具体的には、各種材料データや設計データベース的なもの、または体系的データベースなどの基盤的、補完型の技術が主体になります。

次の②のパターンは既存製品の技術をベースに新しい用途開発を展開するものです。例えば大幅なモデルチェンジを行うような、いわゆるローテクのハイテク化などがこの展開型に相当します。また、まれではありますが、異分野技術の横展開によって活用が可能となる例などもあります。すなわち、この場合の技術シーズとしては融合的、組み合わせ的（複合技術ベース）なものが主体となります。

最後の③のパターンは独自の事業創出型として、いわゆる、ハイテクシーズからのビジネス化展開を行うパターンです。一昔前までは最も新規事業らしい事業展開として、革新的なコア技術をベースにスタートするイメージが流行しました。素材産業が装置事業を狙ったり、自動車会社がバイオをやるなどの落下傘型の異分野新事業展開事例もこのパターンともいえます。技術シーズとしては知財的に見てもできるだけ差別化され、画期的な単品技術をベースにしている場合が多いと思います。

以上の３つのパターン分類のいずれにおいても、自社の持っている技術と追加の技術とを、事業化ロードマップに関連付け、それぞれ区分けしてマップ化することが重要ですが、特に知財マネジメントではそれに対応する知財をロードマップ化して、現在と将来に対する権利関係の明確化を図ることが必要となります。

(5)知財マネジメントからみた３つの連携パターンの意味

知財マネジメントの観点からこれらの関係を見ていきますと、それぞれのパ

ターンで、カバーすべき知的財産の種類に差が出てきます。

①の「補完型」パターンの場合には、まさに補完すべき対象そのものの、技術的ポイントを押さえた特許がまず必要で、さらにできた製品の新規な特徴を特許でカバーしていくことがポイントとなります。

②の「共同展開型」パターンの場合には、新しく展開する方向性を考慮した戦略的な特許出願が必要になり、またこの特許が基盤となって事業の展開に寄与し、かつベースになる特許と連続してその権利範囲を広げられるような知財マネジメントを行うことが大切です。

③の「新規シーズ創出型」パターンの場合には、不確定要素が極めて高く、事業的には長期間のさまざまなケースを想定した戦略が必要です。しかし、それが見えない時点では、とにかく幅広くシナリオを描いて進めていくしかありません。事業の方向性が見えてきたらできるだけ早くその方向性に沿って、戦略的な事業ロードマップと知財ロードマップを作り、それに沿った知財マネジメントを行います。

2．研究、開発から事業化ステージでのアライアンス・連携のあり方(大手企業の視点)

ここでは大手製造業の視点で、新事業立ち上げの時の各種アライアンスと事業化に対応した各ステージでの知財マネジメントの考え方を解説していきます。

(1)新事業展開のための各ステージ別の対応とアライアンスの探索

新事業に至るMOTの4つのステージの内、研究ステージにおいては、アライアンスの相手先として大学、各種研究機関、他社研究所などがあります。また、開発ステージでの相手先は開発型ベンチャーや、開発途上製品（途中まででき上がっているが、ビジネスになっていない製品）を有する異業種企業などとなります。

事業化ステージでは小規模企業や大企業の子会社などで、既に製品や商品(小

規模ながら商品として売り出されたものなど）を手掛けているところが相手先となることが多いのです。その探索調査手法としては、昔は国際的なネットワークを持つ商社や大学や学会の人脈等でしたが、現在ではインターネットを介して得られる特許、文献、業界、講演会などの情報もかなり役に立ちます。

　アライアンスを検討する順序としては、自社の強みと弱みを明確にした後、マーケットからのニーズをブレークダウンすることが第1ステップです。この上で不足技術（シーズ）や製品を明確にすることが第2ステップとなります。

　具体的にどのレベルのアライアンス相手を探すかということは、研究、開発、事業化、産業化ステージにおけるポジショニングとレベルをもとに、必要な技術と製品の成熟度を冷静に判断していくことがポイントです。

　将来のビジネス展開という意味ではさまざまな可能性がありますが、その中でも各ステージごとに必要な不足技術を明確にしてアライアンスを考えることが知財マネジメントにおいても必要です。またこれをイメージ図として示した

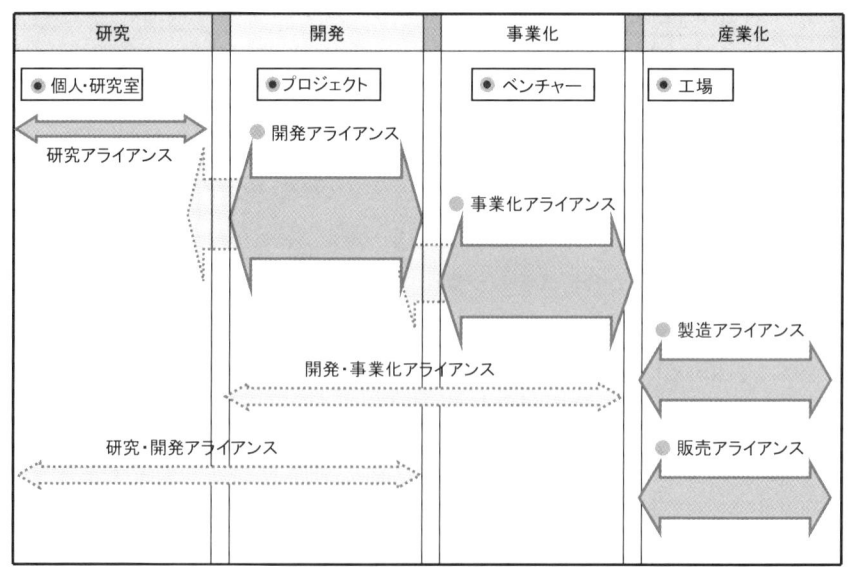

図5-3　おのおののステージにおけるアライアンスのあり方とその目的・効果

のが図5－3となります。以下にそれぞれのステージでの連携の特徴を示してみました。

（2）研究、開発、事業化、産業化各ステージでの連携の在り方

　共同で事業展開をする場合、双方の間で将来何らかの利害関係が生じるリスクがあることは否めません。このため、双方において将来発生するさまざまのケースについて事前に知財の権利関係の配分をしっかり話し合って合意を形成しておくことが知財マネジメントとして必要となります。

●研究ステージ

　　相互の縛りの少ない、ゆるやかなネットワークによる共同研究、委託研究（単独で持つには負担の大きい大型装置の共同利用なども含む）が主体です。国家や地域のプロジェクトへの参画、試験評価の委託なども含めて考えてよいでしょう。企業の相手としては、大学、公立の研究機関、工業試験所などが対象となります。

　　このときの知財マネジメントとしては、委託企業側としては、ターゲットを絞り込むこと、受託機関側としては、派生して出てくる将来の可能性を見据えた幅広い権利化が必要になります。繰り返しになりますが、事前に知財の権利関係の配分の合意をしっかり行う必要があることはいうまでもありません。

●開発ステージ

　　開発の分担・委託を開発ベンチャーに対して行うのが主流ですが、政府や地域の公的な受託開発機関や民間の同様の組織を相手にすることもあります。この場合、開発リスクを双方でどのように分担し、処理するかについて初めに同意しておくことが大切です。場合によっては技術を持つベンチャー企業や中小企業への資本参加、M&A（企業買収）なども考えられますが、知財の権利関係については、経営的な判断も必要になってきます。

　　あらかじめできるだけいろいろなケースを想定した上で、将来の権利配

分についての事前の同意が重要になります。
- ●事業化ステージ

　この段階では事業化を共同で行うことによる、顧客への新商品提供時間の短縮が最大目的となります。委託関係だけでなく、類似商品などで競合している既存企業や商品開発を行っている中小企業、ベンチャーとのJV（ジョイントベンチャー）、またはM&Aなどもオプションとして考えられます。この場合はかなりビジネスに近づいているので、将来の事業化イメージは想定しやすく知財についての取り扱いも比較的容易です。

- ●産業化ステージ

　このステージは製造・販売・アフターサービスの段階です。このため、それぞれのアライアンスの目的は明確であり、昔から行われています。具体的には生産委託、OEM、販売委託を主体に、資本参加、JV、事業買収のアライアンスなどです。この場合は従来からのビジネス関係がベースとなるので通常の契約関係が主体になります。

　ここで、オープン・イノベーションのアライアンス相手としての条件、付き合い方について、少し検討してみましょう。企業側がある種の事業化を意図する時に、自ら持っている原資（技術リソース）だけではそれがスタートできない場合、足りないところを補ってくれる相手として適切なところを探し、積極的にそこと組んでいくのがアライアンスです。

　その場合の「適切な」という意味は、アライアンス候補が企業が探している技術をすべての条件にピッタリとあてはまる形で保有している場合をいいますが、そのような例は実際にはほとんどあり得ません。相手と協力しながら、できるだけそれらの条件に当てはまるように相手方の技術リソースを調整し、受け入れていく姿勢が大切であり、現実的です。このようにアライアンスにおいては、互いに協力していこうというプラス指向マインドが大変重要です。

　事業化のステージが進むにつれて、想定外のケースが発生することもありますが、上記マインドの醸成努力によってこれに対処していきます。

3．中小・ベンチャー企業側における知財マネジメント

　前節では大企業側から見た知財マネジメントを主体に説明してきました。以下では中小・ベンチャー企業側から見た開発時の知財マネジメントについて説明していきます。

(1) 開発下請けから開発パートナー型へ知財マネジメントの必要性

　大手企業など(顧客)と新規事業についての開発受諾契約を締結する場合に、顧客からの受注の獲得のみを重視して顧客の契約条件を鵜呑みにすると、開発パートナーというよりは、わずかな費用で開発成果を全部持っていかれる「開発下請け」になってしまうという事態が生じます。

　これを防ぐためにはどうすればいいのでしょうか？ここでは、知財マネジメントをうまく使って、顧客も満足し、中小ベンチャー企業も満足できる方法を検討していきます。

　特に新規事業展開の時は、相手の会社がいかに大企業、一流企業であっても、新規の分野においては(新製品の開発という面では)技術力は自社と対等かそれ以下であることが多いのを認識することが必要です。

(2) 大企業と中小・ベンチャー企業のWIN－WINの関係とは

　新製品開発における総合力とリソース（資源）に乏しい中小、ベンチャー企業においては、このような新規開発の展開は第二創業的な意味を持ち、大企業における一定の余裕のある新事業開発展開とはその重みとリスクが大きく違っています。

　中小、ベンチャー企業側で大企業の持つ豊富な人材と資金力に対抗できるのは、結局、将来を先取りした戦略的な知財契約を前提とした開発の積極的実施です。また、大企業とWIN-WINのパートナーシップ関係を築くためにも、中小、ベンチャー企業においても知財戦略を確立しておくのが最も有効であり、

双方に益がある方法となります。そのための方法論のポイントについて以下に説明します。

開発型の中小・ベンチャー企業において自社固有の製品開発ができた時や、新しい事業展開ができて製品が商品になってきた（収益化が見えてくる）時には、是非ともその技術内容の特許化や意匠登録、商標登録を戦略的に行うべきです。それを怠ると、マーケットが形成された段階で、何の見返りもなく大手を主体とする競合先にマーケットが奪われるということになりかねません。大企業の特性として、マーケットが形成されると、類似商品を大規模に展開したり、中小企業を下請けとした技術や製品の取り込みを行なうのが普通です。

（3）中小企業や開発受託側の下請化を防ぐ知財マネジメント

開発を行う中小・ベンチャー企業側にとって避けなければいけないのが、あいまいな開発委（依）託提案を受けることです。また、逆にこちらからもあいまいな開発受託提案をしないことです。

本来、大企業などの委託側は特定仕様の技術さえ得られれば満足できるはずですが、できればその周辺技術も独占して、似たような技術を他社が実施できないようにしたいという基本的な欲求を持っています。このことが受託側にとって、開発ターゲットの拡散と、せっかく独自で開発した技術も含めて失うというリスクを生むことになります。

受託側が何の手も打たないと、開発仕様の不明確さにより開発実施範囲が際限なく広がり、拒否できないままエンドレスの開発継続となります。また開発中に発生する関連発明などの成果も全部委託側（発注側）のものになってしまう場合があります。実際に委託された開発に成功しても、その後の生産を受託しない場合にはロイヤリティの支払いを受けるなどの契約条項を確保しておかないと、試作レベル以上の受注を得ることができません（もっとも、人的、設備的にも大規模な量産は中小企業では難しい場合が多いですが）。

結果として不釣合いな委託費で開発技術だけでなく、もともと持っていた技術・ノウハウを含めて全部、委託側に移動してしまうことにもなります。この

ため、受託側の中小・ベンチャー企業では、コア技術の知財権確保は最低限必要ですが、さらに、用途を明確にした開発契約が必要となります。

　開発委託側企業の注意事項についても触れておきましょう。委託側で開発委託のニーズをきちんと見極めないで（費用負担も考慮しないあいまいな仕様で）委託した場合、開発のすべての成果を要求し、これらを取り込むことが自社にとってメリットになると考えがちですが、これは間違っています。

　この場合は受託側の開発範囲、責任範囲、リスクなどが際限なく広がってしまい、委託側との大きな不均衡が生じることになります。受託側のキャパシティ不足から当然納期遅延が起こりますが、これは委託側にとってもダメージにつながります。こうなると受託側にも委託側にも不満が生じ、トラブルの原因となります。

　この場合開発委託側も一定のリスクを双方が負担するなどバランスのとれた対応をすることが必要となりますが、開発委託側の知財マネジメントとしては、上記のリスクも考慮しつつ、応用技術の広がりなどを見越し自ら技術・ノウハウ・知財権などの応用範囲を含めた権利の確保と取り決めを行うことが必要になります。

　どのようなスタンスで受託し、開発を行うかについて、受託側の中小・ベンチャー企業の立場でまとめたのが、図5－4になります。開発下請けとパートナーとの違いが示されていますので参考になると思いますが、要は開発受託を製造受託と同じようには考えないことが重要です。

図5-4　開発下請けから開発パートナーになるには（知財マネジメント上注意すべき点）

開発下請けとは：
・あいまいな開発指示による下請け契約
・すべて発注元による技術・製品・ノウハウの取り込み
・作業が完了しないと、原則的に支払いなし

↓（知財マネジメント）

開発パートナーとは：
・明確な開発内容・用途限定による共同開発契約
・コア技術の用途限定範囲への提供（あるいはライセンス）と今回の開発用と範囲での提供
・マイルストンによる進捗管理と前払い方式

（4）開発パートナー型企業とその知財マネジメント

　中小・ベンチャー企業が大企業からの開発を受託する場合に、開発パートナー型の関係で契約し実態もそのようにするためには、下記の点を実行することが必要になります。特にマーケットの先読みと技術コアの明確化と用途についての認識が何よりも重要ですが、それを含めて以下に知財マネジメントのポイントを箇条書きにしてみました。

1) 開発品にかかわるビジネスモデルの明確化（複数のシナリオの用意）
2) コア技術の特定、保全と知財権、ノウハウの確保
3) マーケットにおける付加価値（商品・サービス）の明確化と保持技術との対応
4) 開発ステップとロードマップ、マイルストンの明確化とそれに従ったマネジメント
5) 自ら起草した契約書によるフェアな開発契約の締結

以上を整理すると、開発パートナー型中小・ベンチャー企業を目指すためには、次のような指針を自ら持つことが必要になります。
　①顧客のニーズを満足させ、かつ自らの開発の完成効率を高めるために既に保有している自主技術（特にコア技術）の用途の明確な区分と用途限定を行う。
　②顧客の持つ各種能力（特にインフラ系技術）の獲得を図り、開発中小・ベンチャー企業側の次なる開発テーマの選択、構築に大きく役立てる。

　もし現在の契約が、上記のことをあまり考慮していない下請け型であるならば、それをパートナー型に変更してリスクを分散することが必要になります。

　そのことを実行することで開発受託企業は収益確保ができるようになり、将来の自社の事業化のネタとなる技術を失うことなく、逆に顧客からうまく吸収し新たな技術を育成することも可能になります。

　なお、開発を依頼する企業側にとっても、開発パートナー型の中小・ベンチャー企業に委託することで、開発の範囲を明確化し限定することになり、内容の拡散を防ぎ効率のよい早期の開発が可能になるメリットが生じます。

(5) 現実の開発パートナー型企業と大企業との契約とはどのようなものか

　開発ベンチャー企業と大企業の間の関係を例にとると、開発側としては下請け契約ではない「パートナー契約」が重要であると述べてきました。この趣旨を明確にする唯一の手段が契約書です。従来の下請け型の契約に慣れていると、対等（パートナー型）の契約内容をすんなりと理解しがたいところもあります。

　契約内容については、まずはその知財のライセンスの範囲をどう特定するかが最も重要です。また、ライセンシーが本当に事業化しようとする範囲のセグメントに開発の対象を絞り込まないと、ベンチャーや中小企業の原資は枯渇してしまいます。逆に開発対象領域を限定的にセグメント化することで、本来対象外の自主開発技術およびその知財権への侵食を抑えることになります。

（米国の開発型ベンチャー企業の事例）

以下に実際の米国の契約内容の事例を示しますが、この契約の場合は①ハードの試作開発と②ライセンスの付与という２つの要素から成り立っています。

①試作開発機能・・・開発のスケジュール管理と完成品の提供

マイルストン管理による（αマシン、β－マシンの）完成度の段階的マネジメント

②技術のライセンス機能・・・上記開発マシン特許のライセンス範囲の明確化（セグメントの売り切り、またはロイヤリティ収入）

これらの①と②がセットになっていることが、開発ベンチャーとしての基本です。もちろん②の基本特許がもともと委託側に属する場合にはそれを使うので②のポーションは無くなります。また開発中に得た特許は共有となるか、あるいは委託側への一定の便宜も図りつつ委託側の所有となるのが普通です。

上記事例のコア技術と用途分野の関連イメージを図５－５に示しました。上

図５－５　開発パートナーとしてのコア技術の確保と契約範囲の基本関係

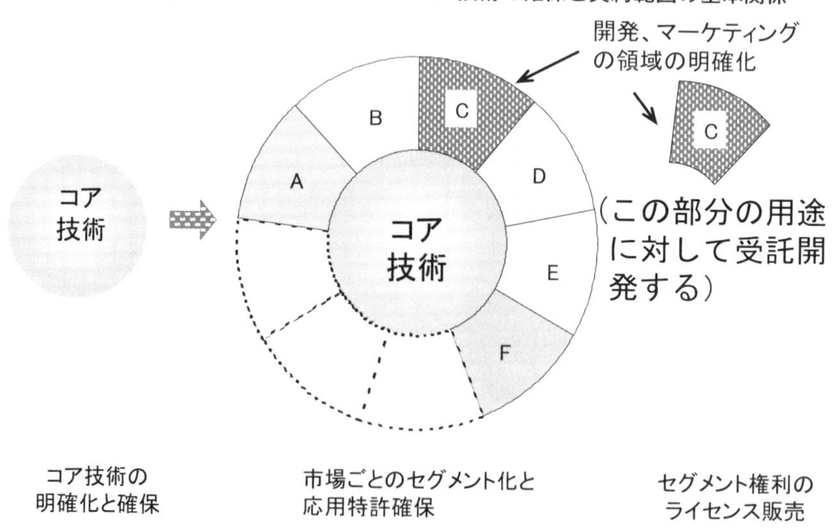
開発、マーケティング
の領域の明確化
コア
技術
A
B
C
D
E
F
コア
技術
C
（この部分の用途
に対して受託開
発する）
コア技術の
明確化と確保
市場ごとのセグメント化と
応用特許確保
セグメント権利の
ライセンス販売

記の主旨をうまくカバーしていく契約をすることが、開発（受託）型中小企業・ベンチャー企業の契約マネジメントの第一歩です。この話は実は大企業の中の新規事業部門についても当てはまります。

（マイルストンの内容と契約の知財とリスクのマネジメント事例）

　開発型中小企業やベンチャー企業のビジネスモデルとリスクマネジメントの明確化を行うことが対等な契約のためには必要であることは述べてきました。
　その内容は特に「マイルストンの内容と達成条件」に現れます。ここでは契約すべき内容の考え方と開発のマイルストンのフローについて知財とリスクのマネジメントの観点から検討してみます。
　開発型の企業の仕事はプロジェクトを成功させることであり、その対価としての開発委託金を受け取ります。開発は不確定要素が大きくリスクを伴い、また事前のキャッシュフローが必要とされるものなので、ある程度の前受金（前払金）と、開発途中のマイルストン管理による都度の受取り（支払い）が必要になってきます。
　筆者が実際に行った開発プロジェクトの実例を出しましょう。それはおおまかにいうと、開発期間18ヶ月、委託費用総計800万ドル（開発費600万ドル、ライセンス料200万ドル）となっていました。まず開発費の一部を前払いし、マイルストンは7つ設定してそれぞれの到達目標を相互に共有化し、残りの開発費はマイルストン達成ごとに分割して支払うようにするものでした。
　このようにスタート時点では契約金などの実質的な前受金が発生しますが、開発型ベンチャー企業にとって資金繰りは最大の問題です。「開発はリスクを伴うもの」との認識が委託側の企業に無くて、製造委託の場合のように「すべて完成し、検収した後での手形払い」などとやっていたら、開発型のベンチャー企業が開発委託を受けることは不可能に近いのです。資金に余裕のあるベンチャー企業は少なく、リスクマネーは先払いとなるのが当然です。
　また、ライセンス料の支払いは試作品の開発完了（確認）後という場合もありますが、開発スタート前にライセンス料を支払い、まず権利だけは押さえて

おくという場合もあります。

（開発委託プロジェクトの設定フローの例）

　以下に開発型中小・ベンチャー企業と大企業との間の「開発委託プロジェクト」のマイルストンの設定プロセスの一例を示しましたが、これによりプロジェクト進行（契約履行の各ステップ）の流れが整理できると思います。

| 開発ターゲット明確化 |
（開発委託側によるマーケットニーズからの仕様へのブレークダウン）
　↓
| 最終マイルストンの設定 |
（両者による最終チェックポイントの設定と内容確認）
　↓
| 段階的マイルストンの設定・確認 |
（両者で協議して各マイルストンを設定し、開発受託側はプロジェクトをスタートさせる）
　↓
| マイルストンの到達の確認と支払いの迅速化 |
（マイルストンごとに判定し、開発費を分割して支払う）
　↓
| 最終ポイントの確認と追加項目化と成果の文書化、権利化 |
（プロジェクトの最終ポイントの確認と関連事項の協議、知財の権利化）
　↓
| 知財権関係の処理 |
（契約対象の知財権の移転完了）
　↓
| フォローアップの範囲と追加費用の明確化、予備品、試験装置などの処分 |
（プロジェクトの仕上げと完了）

第5章　知財マネジメントとオープン・イノベーション

第5章のまとめ

(1) 知財マネジメントとオープン・イノベーション

オープン・イノベーションの中での相互の協力の形はさまざまですが、きちんとした信頼関係を結ぶときの最大、最終の有効なツールは知財でありそのマネジメントが重要です。

(2) オープン・イノベーションと各種アライアンスとの関係

主として時間的、空間的な分類として3つのパターン（補完型、共同展開型、新規シーズ創出型）がありますが、それぞれの関係で知的財産の役割は変わってくるので、まずは各パターン別の将来を見通したストーリーとビジョンを構築することが必要になります。

(3) アライアンスと知財の契約としての開発下請けから開発パートナーへ

アライアンスを組む時は、開発側としては下請け契約ではない「パートナー契約」が必要で、その責務内容の範囲をうまく特定したマイルストンの設定が重要となります。

＜第5章　Q&A＞

(1) 競合と協調の知財マネジメントとMOT

> Q：オープン・イノベーションとして重要といわれるパテントプール、技術標準等についてはMOT的視点ではあまり触れられていないのですが、それらについて説明していただきたい。

A：事業化の段階を過ぎて、ダーウィンの海を渡ったり、量産などの産業化の時

期になると、まさしくパテントプール、標準化の問題に対する取り組みが必要になります。

この時期には、知財を生かして競合相手と争う選択肢は保持しながらも、最大利益を得るためにはどうしたらよいかを考えるべきです。この場合、他社を知財権で排除することよりも、いわゆる競合相手と同盟を結んで一緒にマーケットを切り開く方が得策という結論になることも多いのです。マーケットが拡大していかなければ元も子もないからです。

これをさらに追求すると、MOTの視点では、顧客価値の実現を第1に考えて競合相手とも一緒に市場の立ち上げも相協力しながらやっていくこととなります。これを特許からいえば、2社間のみのアライアンスなのか、技術標準特許を持つ企業のオープンライセンスとなるのか、あるいはパテントプールが形成されるのか、それらの複合形式になるのかは諸条件により、時間の経過に従ってさまざまに変化することになります。もちろん、安易なアライアンスは投資の回収できない無謀な野合となりますので、できるだけ将来の標準化などを眺めて慎重に対応するということが必要です。

(2)中小企業に役立つ知財マネジメントとは

> Q：企業規模の小さい中小企業、特に下請け系の中小製造業において、MOT視点から有効と思われる知財マネジメントとはどのようなものでしょうか？

A：MOT視点で見た中小企業の知財マネジメントは、大企業のものと大きく異なるといってもよいでしょう。特に新事業を展開する場合の特許の確保に対する考え方は大きく異なります。例えば、新事業の展開のスタートを検討する場合、大企業ではその関連技術の知財権をできるだけ多く確保しようと考えます。

しかし中小企業とかベンチャー企業ではそのようなことを行うと、不確定

性の高い中で費用だけ発生して大変効率が悪くなります。この場合には中心になる特許、すなわち自社の強みとしてのコア技術の特許は出願しなければなりません。関連特許などの出願については、必要最小限で済ませることがポイントです。

　大企業の場合には将来の抵触リスク回避にために徹底的に事前調査を行いますが、中小企業の場合にこれを行うと、自社の技術や知財のものと類似の技術の知財などが多数出てきて、果たして知財権が確保できるかどうか迷ってしまうことが多々あります。最初から調査ありきではなく、類似性よりも違いを見るようにし、まずは事業を立ち上げていくという姿勢が必要になります。そういう意味では中小企業の新事業開始のときこそ適切な MOT 視点での知財マネジメントが必要とされていることになります。

第6章
産学連携と技術・知財移転、ライセンス契約の考え方

　産学、産官学などの連携に対して知財をうまくマネジメントする必要性があることはいうまでもありません。しかし知財の持つ価値と使い方はそれぞれの目的や立場で異なってきます。そこを理解しておかないと、それぞれの知財マネジメントの利害が対立して、思いがけない行き違いが生じることになります。
　例えば、「学」は知財を生み出すところで、通常は知財を使う（活用、権利行使）ところではありません。「産」は知財をうまく使い顧客に商品を届けて、その顧客価値をもとに利益を出すことがミッションです。一方、「官」は行政的なことを行い、知財創出の活性化や保護の強化などを促す立法のサポートや施策の立案、実施、調整などを行うのがミッションです（国公立研究所などはここでは学に含めて考えます）。

1．知財にかかわる産官学連携の考え方の本質

　優れた技術シーズを生み出すための知の創造の拠点が大学等の研究機関であることは広く認められています。そのため「産学連携」は、新事業遂行のための技術シーズ獲得の有力な手段の1つとなります。この中には知財マネジメントに関する各種の要素が多く含まれているので改めて検討してみましょう。

(1)産官学との連携の意味と課題
　実際に産学の連携により、新しい事業を成功させるためには、産側では学側

の差別化技術をベースにした開発が完了し商品化のめどが立つこと、学側では新しく創出した新技術の権利化とその移転に成功し教育、研究の再生産につながるという WIN-WIN の関係が重要になります。しかしこの関係は単純ではなく、産学双方にとっての直接的な WIN と中長期的・間接的な WIN が混在していることに注意しましょう。

　技術革新の早さ、技術の専門化・複合化などにより、企業が新事業展開を目指してある新しい技術領域に踏み込んだ場合、その領域が革新的な分野であればあるほど技術シーズが不足してくるのは自然の流れです。

　特に最近では企業における新しい技術シーズや知財のストックも底を突き始めており、そこを補うのが産学の連携の基本となってきています。連携することで企業は得意な分野、例えば生産や事業化に特化でき、事業化のスピードが上がるというメリットが生じます。この手法は外部リソースをうまく使うという意味で第5章で述べたオープン・イノベーションによる連携の形成の一例ということになります。

　相手と連携する場合には、必ずといってよいほど双方の組織の文化や考え方の間の相克が発生します。大学と企業は、これまでは同一の原理に基づかない空間にあり、異なった原理・原則下にあったといえます。このため産業界と大学の双方とも、その違いの故に連携は容易であると考えていた節がありました。

　しかしその目的と手段への理解が学側、産側双方において中途半端であったり、重複したりする場合にはその立場の違いが問題となります。

　例えば企業と大学が同じ経済原理の土俵に乗った途端に、そのプロセスや時間軸などで利害関係が生じて課題が噴出することになり、連携の維持が難しくなってきています。実は産産連携でもよほど注意しないと、現実的な協力関係を持ったり、成功を得ることは難しいのです。そのような微妙でデリケートな状況にある産学連携の中で、唯一双方が共通ベースとなるものが知財であり、それをマネジメントすることで、双方をうまくつなげて成果を上げることが可能となります。

(2) 産官学における WIN-WIN の意味と知財マネジメント

　連携のときに大切なのは、その双方がやってよかった、今後も継続的に是非一緒にやろうと思えることです。これを WIN-WIN の関係といいます。逆に、連携してみたが「もう二度と一緒にやるのはご免だ」とどちらかまたは双方が思うということになると、これは決して WIN-WIN になっていないことになります。

　このようなことを防ぐには、産官学それぞれのミッションの違いと達成するWIN の内容を、お互いに明確化する必要があります。図6－1には、各機関の立場上のミッションと WIN の内容をまとめてみました。例えば産業界のWIN としては売り上げ・利益増大です。大学の WIN としては教育・研究成果であり、官の WIN としては国・地域・県・市などの産業振興となります。

　産官学連携においては、それぞれが現実的に WIN となる出口を目指しながら各種のマッチングを模索し、さまざまな展開を行うことがポイントとなります。

　知財マネジメントとしては、このようなことをまずは勘案しつつ、理解し、各産官学のミッションの中の知財の主要な役割を理解してフォローする必要が

図6－1　産官学のミッションと WIN － WIN － WIN とは？

	ミッション	WINの内容	知財マネジメントのポイント
産業界	生産(販売)→開発→地域共同研究	売り上げ・利益増大、新規製品・商品開発、新技術シーズ獲得	<u>活用(実用化)</u>＋発明、権利化、ライセンス
官(国、自治体)	地域産業支援、税金の活用によるリーダーシップ	国・地域・県・市などの産業振興、人材の定着、ネットワーク形成、産学連携の振興…	<u>保護(権利化)</u>＋発明、活用
大学	教育→研究→地域共同産業支援	教育成果(学生、学位授与)、研究成果(論文、特許)、産学連携(企業指導、地域貢献、研究費の獲得、学生の獲得‥)	<u>創造(発明)</u>＋権利化、活用(ライセンス)

あります。知財に関する主な流れは、創造（発明）－保護（権利化）－活用（実用化、ライセンス）のサイクルをベースにしていると考えて、産官学の分担を考えると分りやすいかと思います。

　例えば産ではサイクル全部のプロセスの中で、特に活用（実用化）が最大関心事です（もちろん発明、保護も大切ですが・・）。学では何よりも創造（発明）です。しかしその権利化のために必要な資金繰り、ライセンスによる収益確保も必要で、そこは後で述べる大学のTLOの主たる役割になります。

　官では最終的には活用を促すことや、創造を促す政策や施策が重要になっています。また大学の中でも業務が異なったり、まだ明確なミッションが定まっていない場合もあったりしますので、単純に分類できないところもあることは認識しておくことが大切です。

（3）時間軸からみた産学連携の課題と知財マネジメント

　企業側の「死の谷」はまさに開発した「製品」が開発ステージから事業化ステージで商品となるのを妨げる障壁のことをいいます。よく大学や企業の研究者が「死の谷」に陥ったと表現している場合がありますが、これが実際には、死の谷の前の研究ステージから開発ステージに移行する間の「魔の川」を超えるかどうかという場合であることも往々にしてあるのです。

　アライアンスや連携の結果として、企業側としては製品開発が迅速に進むことで、ますますマーケットが見えてくるのです。事業化ステージに入ってくれば、産学連携から離れて企業はその成果を社内に取り込みながら商品化を目指してようやく死の谷を超える活動を行うことになります。企業にとってはここから先はクローズドな個別ビジネスの世界となり、ここまでくれば産学連携は大成功といえます。

　企業から大学へのさらなる期待としては、現在の「研究ステージでの連携」から一歩踏み出した「開発ステージでの連携」、すなわち客へ提案できる評価サンプル（＝試作品）製造過程までの連携であるともいえます。実は開発スピードが顧客への付加価値を決めていくことになり、ここでの産学での協力関係が

うまくできれば産学連携はかなりの価値を生む可能性が高いのです。ちなみに米国の大学の産学連携はこの開発ステージに踏み込む例が多く、このことが企業から巨額の共同開発資金を入手できる1つの理由となっています。

言葉を変えると産学連携というアライアンスがうまくいくパターン、すなわちWIN-WINとなる主なステージは研究ステージでなく開発のステージです。

大学が超すべき障壁はいわゆる産業界の「死の谷」ではなく、研究と開発との間に横たわる「魔の川」ということになります。このことで、大学の技術の製品化への可能性が大幅に向上し、産学連携の成功につながることになります。

知財マネジメントとしては、研究ステージにおける技術シーズの確保については特許の権利化とライセンスという形で分かりやすい展開になります。産側にとっては、研究段階でライセンスを受けることは、初期費用が掛かる場合には、通常はリスクを伴います。

一方、開発段階での産学連携が可能になればその価値評価の精度は高くなり、また企業における共同開発資金の獲得も容易になります。ある意味で開発ステージでの費用負担は高価になりますが、ターゲットが見えている分合理的であり、この段階でのライセンス受諾については、企業のリスクも少ないといえましょう。

(4) 産官学の発想法と判断基準の違い

産官学連携の現場においては、往々にして思考形態や判断基準で相互に違和感を感じることも多いものです。これは産官それぞれの論理や判断基準が違うことによると考えられます。特に新規事業の初期においては、まだ成果が見えない時点での協力関係であるため、それぞれの立場の違いが無意識に顕在化しやすいと考えられます。

まずは、それぞれの立場と思考法と判断基準の違いを理解するために考え方をそれぞれの立場で再整理します。

①産の思考と判断基準・・・経済上の「適否」の判断が主体であり、流動す

る不確定な状況の中で常に経営上の最適な判断を追及します。最適とは、目的に対するずれの最小値を求める判断、さらに開発・事業化についてのマネジメントは、前例のない場合が多く自分で判断することが必要となります。利益、雇用確保、CSR（企業倫理）に基づく社会的責任の問題もあります。知財に関しても当然ながら活用できるか、儲かるための知財かということが判断基準になります。

②官の思考と判断基準・・・法律との「当否」の判断が主体であり、当然ながら法律文章との照合による対比による判断、管理者（administrator）として過去の蓄積、事例の集積による前例主義の判断が重要になります。学・産のための将来配分、公平性などの論理もそれに基づくものです。知財に関しては法律上いかに適法かということと、適正に権利化できるかどうかが判断基準となります。

③学の思考と判断基準・・・科学・技術の世界として「正否」の判断が主体であり、理論的、または現象的に正しいか否か、実証、弁証できるかなどが重要になります。利益相反など税金を使用しているが故の問題の起こる可能性が生じます。学における知財に関する基本的な判断基準は技術的に正しいという視点です。

これらを分かりやすく分類し図表化したものが図6-2となります。

もちろん現実にはそれぞれの内容の白黒が常に明確なわけではなくて、むしろ灰色の場合がほとんどです。これは上で述べたように、産官学連携がもともと発想と判断基準に違いがあることを前提として融合を図るものであるため、ある意味やむを得ません。

しかし連携の目的が事業化の場合には、最後は産側の判断基準が優先され、「適否」判断となる（正否判断でも当否判断でもない）べきなのです。考え方がそれぞれの立場で異っても、目標を明確に共通化する努力を重ねることでこれらの落差を乗り切ることが可能となります。

図6-2　産官学と科学、法律、経営の判断基準の違い

分野	関連語	判断は	判断基準は	知財関係
産	事業・経営	儲かるか	適否	独占と活用
官	管理・法律	ルールに合っているか	当否	産学の連携
学	科学・技術	論理的か	正否	発明者の権利

2．技術移転と知財移転

　科学（サイエンス）は、自然界の未知の領域を論理的に解明することがその役割であり、それによって商業上の価値を生むことを前提としてはいません。

　大学の理学部は科学（サイエンス）を究めることを専門的なミッションとして持っております。一方技術(テクノロジー)は、もともと世の中に役立つというミッションを持った分野であり、大学では工学部が担当しています。もちろん科学でも技術でもその成果を知財権として確保することは可能です。

(1) 技術と知財の違いについて

　新しい技術ができた時の価値は一般にその学術的意味（新規性、進歩性）ということで評価されるものですが、企業での価値を高めるためには、その技術を専有する、排他的な価値としての知財権（特許権）という形をとることがまず必要となります。

　もちろん企業が考える特許の価値は特許そのものの可能性というよりは、あくまでも事業への展開可能性を前提とする価値です。

　革新的な新技術として専門学会レベルでは評価の高い「世紀の発明」に関する特許も、実用化がその権利期間内に見込めないとしたら、その価値は高いどころか、毎年、年金を支払わなければ維持できない「負債」となる可能性があります。

この辺の知財の価値に対する認識の違いが、企業と大学などの技術(発明)に対する評価の差になっているのは否めません。発明者はどうしても自分の発明の価値を大きく、可能性の枠を広げて考えていく傾向にあります。これは、シーズ型の発明の場合には何に使えるかを後から考える展開となるため、やむを得ないところもあります。

　第4章で、事業の進展に従って知財の価値は上昇していくと述べましたが、これは必ずしも正確ではありません。事業の進展に従って価値の可能性の上限は下っていくことも多いからです。しかしながら、一般的には事業化ステージが進展するに従い、知財の価値は上がってきます。これが、企業が評価する知財の価値です。

　以上はビジネス上での知財に関する認識であり、連携やアライアンスのときの一般的な考え方として企業における知財価値評価の基準になっています。

　例えば、大学側が、産学連携により多額の資金を得ようとするならば(知財価値を向上させようと思えば)、開発ステージや事業化ステージまでの段階まで足を踏み込むことが必要になります。それが現在の日本の大学の制度の中で簡単にできるとは筆者は思いませんが、少なくとも、開発ステージをにらんだ研究実施提案や知財の確保がなされることで、その評価は著しく向上することが期待されます。

(2)知財の価値をどう評価し、移転相手と共有化するか

　目標が明確になっている共同研究の場合、産学共に同じステージでの視点なので、知財の価値は比較的見えやすくなります。事業化のための共同研究をする場合は「何を移転する」のかを、明白にすることが大切です。技術を単純に移転するのではなく、事業化の目的にあった形にして技術と知財を移転することが必要です。

　このような共同での事業化の場合、知財の役割は研究から開発、そして事業化にとってコアになる技術をしっかりと保護するものとして明確であり、その価値も高くなります。逆にいうと知財で保護された事業化に必須な技術とノウ

ハウも含めたものがコア技術となります。反対に、容易に真似られ類推されるものは、コアではなくて単なる汎用的な技術であり、事業化の付加価値になりません。そのような技術や現実性のない知財には企業はお金を出せないのです。

産学連携の原則は、まずは明確化された技術内容をベースとした知財のライセンスを基本とし、学へのライセンス料については実際の売り上げにリンクすることを原則とします。すなわち、創生された技術または知財というものは、実際に使ってもらうのが先決です。事業化にあたっての知財は1つの要素、ツールに過ぎないと思った方がよいでしょう。

知財の不確定性をクリアにする作業が開発であり、事業化の進展ともいえます。この意味で開発や事業化のための真の知財マネジメントにはMOT視点が必要になります。

産業界における事業化への過程には幾多のリスクがあるが故に、挑戦的イノベーションと費用が必要になるのです。大学の研究者が、以上の企業側の事情と、それと相対的に関係付けられた自らのポジションについて理解することで産学連携は成功していくといえましょう。

(3) 産学連携と大学の知財の位置

産学連携はあくまで連携であってお互いが融合するような同盟の関係ではありません。産側は連携によって移転を受けた技術を自社内の技術と融合することがありますが、連携によって産学の技術や事業の融合が起こるわけではなく、もし仮に本当に融合を図るとすれば、双方の価値が不明確になって、WIN-WINの関係は崩れるというジレンマが生じます。

大学の技術、知財の価値とは何かをもう一度検討してみましょう。産業界で産学連携を望み、その結果が評価されるということはどういうことでしょうか。原点に立ち返って検討してみます。

産業界ではバブル崩壊後、事業に直結しない研究開発は多くの会社で大きく削減されてきました。このような状況の中で、過去に蓄積してきた知財のストックは急速に底を突き始めています。現在はこの観点で産学連携のモチベー

ションが生じてきていますが、それではその次のステップでは何が起こるのでしょうか？

　企業においては、これまで基礎的な研究を行っていた人員の多くは今後は開発・事業化部門に配属され、その中で成果を問われることになります。この流れは技術シーズを生み出す過程としての研究ステージだけでなく、研究から開発への魔の川を渡るステージにおいて大学などの研究・開発のスペシャリスト集団が活躍する場面が広がっていくことを示しています。

　一方、開発から事業化の死の谷を渡るステージにおいては、企業の技術者が中心になって進めていくという分担的な協力関係の構図を描くことができます。その上で技術シーズから開発までのステージでの知財を中心とした技術のトランスファーがうまくいくことが産学連携の成功モデルとなります。

（4）「イノベーションの仲介」としての技術移転と知財移転

　ここで、技術移転と知財移転の現実についてまとめておきましょう。特許に代表される知財の流通事業においては、幾つかの期待と誤解が混在しているようです。それは特に時間軸と実績に関するものです。一般的にいうと、知財移転という観点では契約を締結することで完了し成功したといえますが、イノベーションの仲介という観点では事業化まで成功しなければ意味がないことになり、大変難しいものになります。

　チェスブローは、イノベーションの仲介という視点で仲介商品（知財）の本質的な不確定さと難しさを列挙しています（ヘンリー・チェスブロウ著「オープンビジネスモデル」翔泳社、2007年刊）。

　それには、権利範囲の不確定さ（仮登記状態）、知財権利範囲と使われる技術範囲は往々にしてズレること、社会契約としての権利（公開）は有期限であること、ビジネスモデルの不明確なところに売るのは難しいこと、売るための公開は、知財の価値を損なうというパラドックスの存在などがあります。

　MOT視点からも新しい技術をもとにしたイノベーションの成功は、自社に

技術が充分ある場合でも簡単ではないのです。また実用化について実績のない他社の技術を基にしてイノベーションを目指す場合には、ほとんどの場合イノベーションは成就しない可能性が高いといってもよいと思います。

次に技術移転と知財移転の成功条件を分けてそのポイントの例をまとめてみましょう。

1）技術移転の成功条件：受け取り側の基礎（インフラ）能力がすべてを決める

まずは技術移転ですが、これについてはある範囲を決めていけば、その技術が商品に結び付くかどうかは別として、基本的な受け取りの側に基本的な技術の能力があれば移転自体はそう難しいものではありません。

これのイメージを図6－3に示してみましたが、受け取り側の受け取り能力がなければ、限られたコップに大量の水（技術）を注いでも、容量以上はあふれた水のごとく、流れ去ってしまうというアナロジーで語られます。これを筆者は「アライアンスバランス」として表現します。

2）知財移転の成功条件：受け手のイノベーション能力と知財の実績がすべてを決める

かつて筆者は知的財産を移転した後、それが事業として成功するかどうかまでの事例を1000件以上にわたって調べたことがあります。その結果からは、知

図6－3 「アライアンスバランス」としての基本原則のイメージ

＜うまくいかない例＞　　　　＜うまくいく例：充分な準備＞

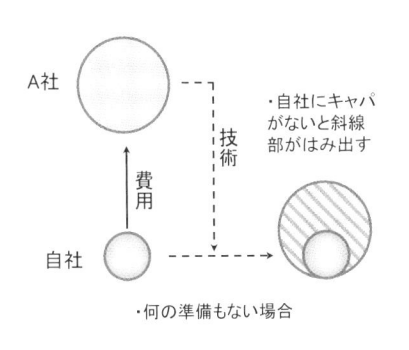

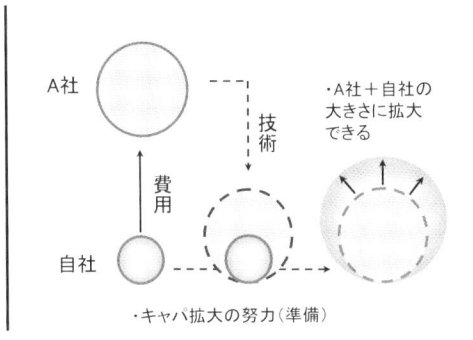

・何の準備もない場合　　　　・キャパ拡大の努力（準備）

（A社→自社へ技術・費用の流れ。自社にキャパがないと斜線部がはみ出す／キャパ拡大によりA社＋自社の大きさに拡大できる）

財の移転に成功はしたものの、現実には事業化までを見ると失敗例が圧倒的に多いことが判明しました。もちろん幾つかの成功例も見られ、そのいずれにも共通した特徴がありました。このまれなケースが、まさに「イノベーションの仲介」の成功例といえるものです。

この場合には、知財を提供する側と受け取る側双方の目的意識が合致していること（ステージとポジショニングの合致）が前提となっています。調べた結果をまとめると、成功例においては以下の2つのポイントが共通していました。

①技術・特許を出す側：どこかの分野での実績がある技術であることで、別の言葉でいうと技術シーズが鍛えられており、完成度が高いこと

②技術・特許を受け取る側：どこかの分野での開発・事業化マネジメントの実績があることで、別の言葉でいうと技術の可能性と顧客満足の判断基準を熟知していること

なお、受け取り側について、MOT視点で考察をすると、いわゆる不確定性さに対する対応能力としての実践的知識があることが大切です。これをイノベー

図6-4　MOTのキーワードと開発型企業のポイント

		起業家精神	スピード・体制 意思決定	スピード・体制 開発	イノベーション・発想力	アライアンス戦略	知財戦略	ニッチマーケット対応
大手製造業※		×	×	△	△	△	○	×→○
中小製造業	開発型	○	◎	◎	○	△	△	◎
中小製造業	下請型	○	○	△	△	×	×	○
ベンチャー企業		◎	◎	◎	○	○	○	◎

※　伝統的な大企業の例

ションのマネジメントのキーワードで整理したものが図6-4となりますが、いわゆる開発型の中小企業やベンチャー企業はその条件をほぼクリアしており、対応能力が高いといえます。

MOTの方法論において、確実に成功する法則があるわけではありませんが、必要最小限の考え方として、参考にしてください。

3．ライセンス契約と知財マネジメント（知財の移転契約、TLOの役割など）

(1)知財のライセンス契約に際して注意すべきこと

知財ライセンスに関連していろいろな考え方がありますが、ここではまず前出（P118）のチェスブローの考えを続けて紹介します。

それによると、オープン・イノベーションに伴うビジネスモデルのオープン化というのは知財のライセンスを含むことが必要です。これは本質的にリスクを伴うビジネスモデルの公開や保有知的資産の公開などという経営上の将来リスクを伴うので、単なる研究開発部門や技術責任者のものでなく、経営者の仕事としています。

要するに新事業創出に関する最大のリスクは、オープン・イノベーションの場合には将来の事業的の不確定さからくるリスクであるとともに、競合他社に対して事業化に関する手の内が筒抜けになるリスクであるともいえます。自社の知財の徹底した分類整理により、どのレベルのものを公開するか、非公開にするかなどというきめ細かい事業戦略にリンクした知財マネジメントが必要となるゆえんです。

既に述べてきたようにアライアンスは新しい製品・商品展開というイノベーションの創出に大変有効ですが、時として事前のライセンス関係の契約関係が不備だったり先送りされていると、成功した時に問題が発生することがあります。

下記にはそのようなリスクを避けるための原則を挙げていきますが、いずれの場合にも判断の先送りをせず、自分で事業化の仮説を立ててから、事前に将来の展開を先読みをした契約をすべきであるということに尽きます。

　新事業の仮説が正しいかどうかは、もちろん先にならないと分らないのですが、契約時点で仮説ができていないと、契約内容も不明瞭になり、後でいかようにも解釈されてしまい問題が起こります。まずは基軸としての事業仮説の構築が大切であり、少なくともその仮説に基づいた基本的スキームのところまでは合意しておくことが大切です。契約のポイントとしては以下の３点が重要です。
　①必ず取り組み相手との事業化スキームまで合意してから知財の取り決めを行うこと。
　②契約書のフォーマットから事業化スキームの検討に入らないこと。
　③知財の帰属のルール（実施後、第３者に対する許諾など）を協議事項として先送りはしないこと。

(２)事業の仮説構築とライセンス契約

　知財マネジメントにおいて、アライアンス（ここでは連携も含む）による事業のスキームを考えることがどうして必要なのでしょうか？　最近は産学連携も含めてアライアンスの形成の仕方が複雑になってきています。その場合には当初からアライアンスによって事業化のスキームがどうなるかの仮説を構築しておくことが後の紛争の予防に役立ちます。

　その仮説構築の例をMOTのステージ分けの方法論を用いて図６－５、６－６に挙げましたが、このほかにもいろいろなパターンがあるかと思います。

　これらの例では、事業化への３つのステージを踏まえて、各組織との関係で新事業創出の進捗状況と知財マネジメントのポイントも記入しました。このようにイメージ化することで、先読みをすることが容易になるという利点があります。

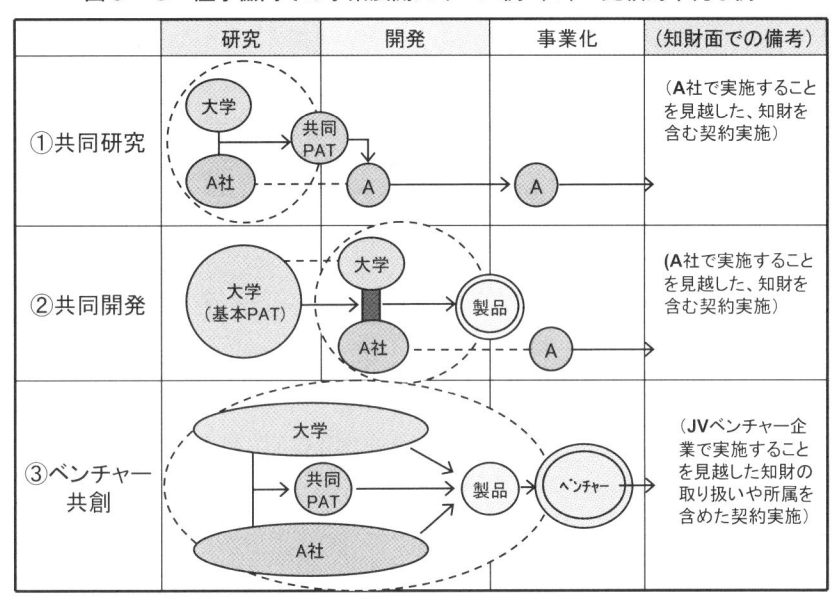

第6章 産学連携と技術・知財移転、ライセンス契約の考え方

図6−5 産学協同での事業展開スキーム例（1） 比較的単純な例

	研究	開発	事業化	(知財面での備考)
①共同研究	大学／A社 → 共同PAT	A	A	(A社で実施することを見越した、知財を含む契約実施)
②共同開発	大学（基本PAT）	大学／A社 → 製品	A	(A社で実施することを見越した、知財を含む契約実施)
③ベンチャー共創	大学／A社	→ 共同PAT →	製品 → ベンチャー	(JVベンチャー企業で実施することを見越した知財の取り扱いや所属を含めた契約実施)

図6−6 産学協同での事業展開スキーム例（2） 比較的複雑な例

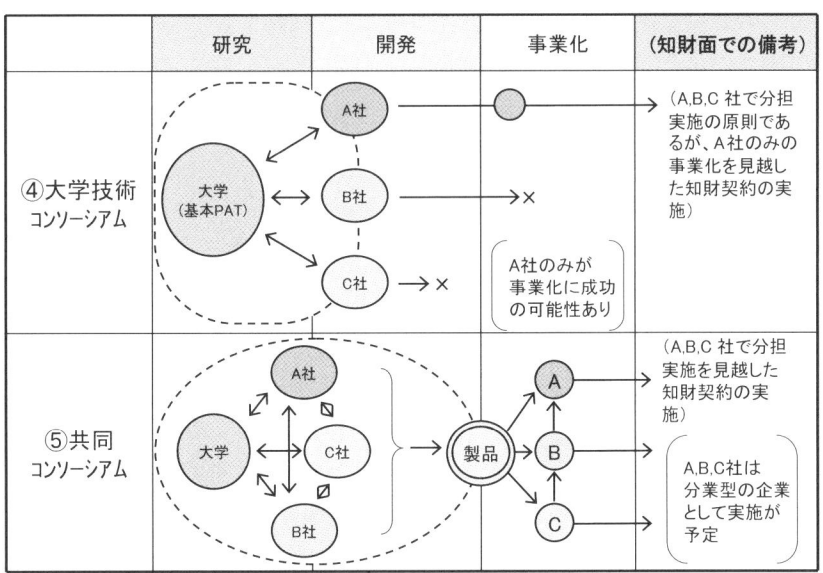

	研究	開発	事業化	(知財面での備考)
④大学技術コンソーシアム	大学（基本PAT） ↔	A社／B社／C社	A社のみが事業化に成功の可能性あり（B社→×、C社→×）	(A,B,C社で分担実施の原則であるが、A社のみの事業化を見越した知財契約の実施)
⑤共同コンソーシアム	大学／A社／B社／C社	→ 製品 →	A／B／C	(A,B,C社で分担実施を見越した知財契約の実施)／A,B,C社は分業型の企業として実施が予定

123

これらのパターンを参考にして、アライアンスを形成する前に、想定される事業化イメージにできるだけ近いものを将来の事業化モデルとして持っておく方が、知財マネジメント上は圧倒的に有利になります。将来に対して自らの立場で提案し合意しておくことができるからです。

(3) ライセンス契約と雛形の使用上の注意事項

　ライセンス契約の文案を作る時に、その契約フォーマットを安易にインターネット等の文例集などから入手すると、問題が起こることがあります。契約書のフォーマットやサンプルは各種の本やネット上に大変多く存在しますが、その活用のポイントを正確に理解することが重要です。

　以下にマクロな注意事項とフォーマットを実際に使う場合の留意点を整理してみます。まず、市販やネット上の契約書のサンプルについての利点、欠点を明確に理解しておく必要があります。

　利点としては簡単に入手できること、専門家の作成なので項目に抜けがなく、安心して使えるなどが挙げられます。欠点としては全方位に役立つ契約書サンプルは存在しないので、対象になる案件の具体的事情を個別に勘案して、加筆・修正・削除などの十分な吟味と検討が必要ということになります。これらの点を理解して使い方を誤らなければ、このような雛形は便利で実用上有用なものとなります。

(4) 企業側からの大学側の知財移転に関する今後の期待

　企業側の大学への期待は、まさに事業化ターゲットにつながる技術シーズの発掘（研究ステージ）と魔の川を渡った開発製品の試作（開発ステージ）です。

　知財の基本戦略として、基本特許とクラスター型の特許の展開を、大学側の知財の例にとって説明します。

　知財移転に際して、企業は大学の持つ知財が独占的に使用できるかどうかをまず重要と考えます。その時に、将来製品の大部分を含む可能性があり独占的に使える特許があれば、その技術＝特許の価値は大きいと判断します。これを

「基本特許」と呼びます。このような「基本特許」があれば企業は、独自または共同で周辺特許を固めて追従者への差別化を確立することが可能となります。

一方、それほど基本特許性がないと考えられる断片的または改良的な特許の場合でも、研究開発成果の将来展開の上で、かなりの部分を（虫食い的であっても）占めることができ、またその技術領域において多数の特許がパッケージ化できていれば、その特許群はそれなりに事業展開上の意味を持ちます。これをクラスター型と呼ぶとすると、これをもとにポートフォリオが描かれ、残りを企業が埋めていくことも可能となるのです。

この時の特許の持つイメージを図6－7に示しました。この図に示されているように、大学の技術移転機関（TLO）が1つの大学の枠をこえて多くの大学で個々に存在する知財を複数集約してクラスター化の展開ができれば、知財（特許）の付加価値は一気に向上し、企業もあるレベルの研究開発投資の供出が可能となります。

図6－7　TLO サイドが目指す大学の特許の2つの方向とは

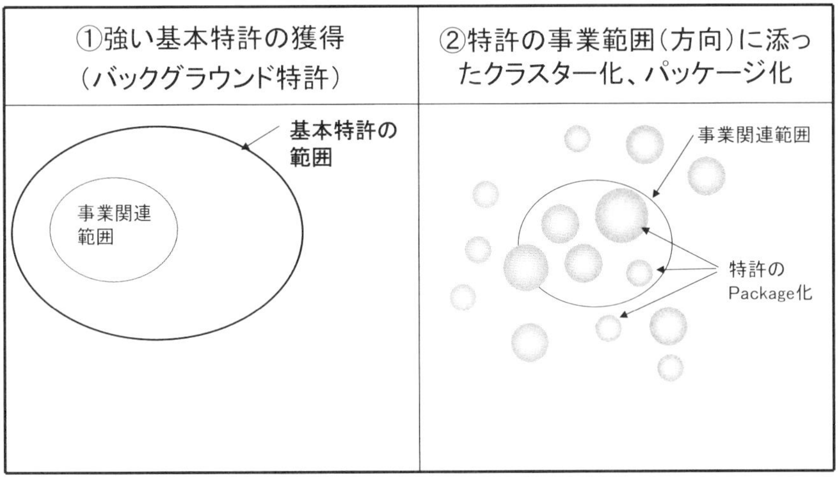

①強い基本特許の獲得 （バックグラウンド特許）	②特許の事業範囲（方向）に添ったクラスター化、パッケージ化
基本特許の範囲／事業関連範囲	事業関連範囲／特許のPackage化

つまり、大学の保持する技術のうち「基本特許性のある技術」と「パッケージ特許群」については、企業側にとっては魅力的であり、産学の共同研究・開

発に入るためのベースになりやすいということになります。

（5）TLO の活動における知財マネジメントとは

　大学の技術を企業に移転する役割をもつ TLO では、その知財移転という視点での活動がコアとなっています。

　しかしながら、既に述べているように、大学の知財は企業のそれに比べて発明初期のものであり、目的をもった技術というよりも、より原理的な、どちらかというと科学的、普遍的なものが多い傾向があります。それは大学の持つミッション上当然の話ですが、画期的で先端的な技術が多いので、未来での可能性が大きい反面、事業化には時間の掛かるものが多いということになります。

　知財移転の成功事例においても、全く新しい画期的な技術の場合は、企業側の必要技術とよほどうまく適合すれば別ですが、そうでない場合には事業化への展開には多くの時間が掛かります。もっとも企業の発明でも実施実績がない発明だと、ほとんどの場合にはそう簡単には知財移転につながらないのが実情

図6－8　技術移転の具体的プロセス例（TLO など）

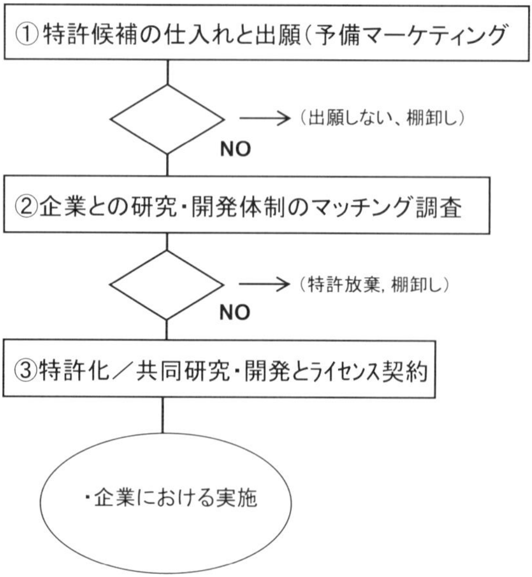

①特許候補の仕入れと出願（予備マーケティング）
　　↓　→（出願しない、棚卸し）
　　NO
②企業との研究・開発体制のマッチング調査
　　↓　→（特許放棄、棚卸し）
　　NO
③特許化／共同研究・開発とライセンス契約
　　↓
・企業における実施

です。

　ここで学から産への知財移転につなげるためのプロセスを考え方として図6－8に示してみました。

　この考え方の基本は、まず第一に良い商品を仕入れること、できれば実施実績のある発明あるいは戦略的な特許クラスター群の発明を仕入れることが重要です。それが顧客のニーズに一致した商品（顧客の事業化ロードマップ上に乗っているもの）であれば最高です。

　いずれにせよ、知財を商品として考えれば、フォローアップやアフターサービスの充実（単なる売り切りではなく、共同研究開発などによるフォローアップ）という商売の基本的考え方をすることが参考になります。

　TLOにおける活動の基本と現実的な実務のポイントは、以下の3つに整理されます。

　①特許（候補）の仕入れ（予備マーケティングの後）と出願
　②仕入れた特許内容と企業の研究・開発体制のマッチング調査
　③特許化（審査請求）案件の共同研究とライセンス契約

　契約の成立に向けてTLOとして努力しなければいけないポイントは、相手企業に対して「事業化に対するベネフィット」をうまく説明して提供することです。また、その際に考えておくべきことは、①相手先企業の立場を徹底して考えるほど成功の可能性が高くなること、②ある程度の期間の独占実施は相手方企業にとって魅力的であること、の2点です。

　もちろん、これらは一般論であり、実際の現場では個別の事情に応じてその内容や優先順位は変わってきます。また、契約成立に向けたオプション条件としては以下のようなものが考えられ、これらをうまく組み合わせることが知財マネジメントの腕前ということになります。

　・マーケット（製品・商品）カテゴリーでの独占実施権
　・共同研究による効果の確認（成果は相手先）
　・2、3年後に見直し／不実施の時は返還

・利益の中の所定の％をランニングロイヤリティとする（成功報酬的支払）

　全く実績のない発明されたばかりの特許というのは、基本的にはリスクが大きく、とても多額のお金で契約できるような商品ではないということです。そこでは、いくら企業側に売り込みをかけても、本当に必要とするピンポイントの技術（＝知財）でなければ、顧客はせいぜい保険としてしか費用を支払わない傾向にあります。

　すなわち、この場合には知財の顧客価値は小さく、契約金が保険料相当となるということを、あらかじめ理解しておいた方がよいでしょう。

　実践的にTLO活動の成功率を高めるためには、できるだけ多くの顧客からの問い合わせを受け入れて顧客の要求に対応できる特許技術を探し、その顧客価値の可能性とその最大化への方策を見つけることが必要です。

　最初からそこまで行かない場合には、まずは共同研究や共同開発にもってくることです。また、契約条件としてできるだけ顧客のリスクを減らすために、ライセンス料を将来実績での支払い型にすることです。

　さらに、ライセンスを受けたが結果的に事業化しない（大学の知財を使わない）企業へは大学や国などの知財を独占させないように、実施権の返還などの契約上の工夫も必要になります。国有や機関帰属の知財権はまずは使ってもらってこそ意味があるという認識を、すべての関係者で共有することが大切になります。

第6章のまとめ

（1）知財と産官学連携の本質

　産官学それぞれは、別々のミッションと判断基準を持っていますので、事業のスムーズな運営のためには連携の最終的な目的が連携組織間で共有化されていることが大切です。

(2) 技術移転から知財移転へ

　製品化に向けた移転対象の技術の全部が知財(特許)というわけではありません。現実には知財でカバーされていなかったり、他社の権利に抵触していたりしますが、それだからこそ知財戦略、知財マネジメントが重要と考えるべきです。

(3) 知財ライセンス契約

　契約をすること自体は簡単ですが、契約目的である事業化の達成については、移転相手の力量、その技術に関する経験などが関係しますので、その成功は簡単ではないとの認識が必要です。

(4) TLOの役割とは

　TLOの役割を単なる商業的な知財移転ビジネスと仮定すると、その本来の役割を果たすことはできません。大学の知財の特質、意味合いを十分考えて、それらをいかに広く普及させるかという考え方が重要です。

＜第6章　Q＆A＞

(1) 自主開発、アライアンスの場合の知財マネジメントの差異

> Q：自社に基盤技術や差別化技術がある場合と、無くて技術を他者から導入したり開発ベンチャーに開発を委託する場合とでは、知財マネジメントの考え方を変えるべきですか?

A：基本的には考え方は変わりません。いずれの場合にせよ、自社の技術だけに着目するのではなくて、事業の流れに沿った技術とは何か、その中で自社にないもの、あるいは、自社に十分あるものなどを、区分けしていくことが大切です。そうすると自社で行おうとしている新事業をベースにした技術と

知財の過不足が見えてくるわけです。

　そこで、必要な技術で不足しているものについては調達を考えることになり、また、自社に十分技術的、知財的リソースがあればそれをマネジメントして、より強くしていくことが必要です。

　事業化を考えた場合、必要な基盤技術を一部のみ保有しているだけでは不十分なので、開発ベンチャーに開発委託する場合も出てきますが、まずは必要技術全体を明確にした上で知的財産の位置付けを描くことが、生きた知財マネジメントの第一歩となります。

(2)産学連携と知財マネジメント

> Q：新事業創出（イノベーション）の場合にMOTでは産学連携を重視するようですが、そのときの知財マネジメントにおける注意事項を教えてください。

A：産学連携をうまく行うために最も必要なのは、まずは間に立つ知財関係者が双方の立場を十分に理解すること、すなわち双方の知財関係者が事業化の明確な見通しを共有化することです。

　大学の技術は、そのままではすぐに事業化できないことが多いからです。企業で困っていることの対処療法的な特許の場合を除いて、革新的な技術であればあるほど、実用化には時間が掛かると考えることが必要です。

　企業側の責任者は大学の研究者に対し、すぐに成果にはつながらないことを、事業化ステージの時系列的な位置付けや事業化のビジネスモデルを用いて、きちんと説明しなければなりません。

　ビジネスはそう簡単ではないことを理解してもらう努力が必要です。現実的な見通しを明らかにし、その上で知財の役割や価値付け、将来の収益予測なども含めて、お互いの理解を深めながら知財の権利関係を構築していくのが、まさに役に立つ知財マネジメントとなります。

第7章
MOTが求める知財人材とその役割

新規事業とイノベーションの実現に役に立つ知財関係の人材とはどんな人のことをいうのでしょうか。本章では、MOT視点からあるべき知財人材像とその役割について考えていきます。

1. イノベーションにおける起業家精神の重要性

企業が研究開発成果を新事業にしていくためには、未来における不確定性をいかに乗り越えてイノベーションをどう実現するかという創造力と姿勢がそれを担う人材に必要となります。

まずはイノベーションの駆動力となる創造力と起業家精神（アントレプレナーシップ）について説明し、それがイノベーションにどのように役立つのかを考えてみましょう。

(1) 創造力と挑戦姿勢

「創造力ある人材」であるためには、新しい提案をしながら未来への挑戦をすること、すなわちチャレンジ精神、自立・自律意識を持つこと、世の中を見渡して自らのポジションを認識することが必要になります。

そのためには自分の経験と履歴の棚卸しを自らすること、また自分自身を1つの事業体と考えて、自分のビジネスプランの作成を基本として、ビジョンと戦略、戦術などを企画、実践できる基本的行動力を身に着けることが必要です。

これからは知財関係者も、まずはこのことを理解し、自らも実行者（プレーヤー）として新事業を担う意識をもって実践することを期待されているのです。

（２）起業家精神とハングリー精神

　MOT視点での考え方、方法論の大部分は体系化されていますが、もう1つ大切な項目の1つに「起（企）業家精神」があります。これは単なるハングリー精神ではなく、業を企て起こすという意識です。

　もちろんイノベーションを成し遂げるためにはMOTの考え方とその手法（スキル）が必要ですが、それを理解し身に着けただけでは足りず、現実に強い意志をもって実行できなくては話になりません。ハングリー精神と起業家精神の違いは何かを考え、今知財関係者にも必要とされる起業家精神について検討してみましょう。

　貧しい時代、失うものがない時代にはとにかくチャレンジすること、すなわち捨て身で何かを行うハングリー精神がビジネス開拓に有効でした。しかし現代の日本ではそれだけでは前に進めません。チャレンジする点は同じでも、業を企て、起こし、仲間を巻き込み皆と一緒に自己実現を図ることが起業家精神であり、イノベーションのマネジメントのベースです。ではどのように考えて、何をなすべきでしょうか？

　新規事業のイノベーションでは不確定な未来を予測し、自らリスクを取って一歩を踏み出すところから始めなくてはなりません。いくら最善を尽くしても常に大きな不安やストレスを伴うのは間違いありません。従ってまずは自分の強みを見つけて、それをベースに顧客にとって「おもしろい」「うれしい」「役に立つ」ことは何かを追求していきます。そのことで幾つもの困難を乗り越えていけるのです。

　また実際に社会に役立ち、その実感を得ること、また志を同じくする仲間をつくることも大切です。以上述べたようなハングリー精神と起業家精神の違いをまとめたのが、図7－1となりますがまずはその違いをイメージしていただけると思います。

図7－1　ハングリー精神と起（企）業家精神のイメージ

- ハングリー精神、‥‥個人・自分中心（余裕がない、余裕を創れない）で、なんでもチャンスに（戦略より実行、失うものがない）する挑戦力！
- 起業家精神（企業家精神）‥‥業を企て起こす、自分だけでは出来ない、他人のことも考えて挑戦する（余裕がある、余裕を創る）…
強みの把握と弱みの把握と戦略！

（3）イノベーションのマネジメントを行う技術者と知財人材

　良い技術があっても、現実に会社の中や外部で新規事業としてイノベーションを起こそうとすると、これまで述べてきたようなさまざまな障害にぶつかります。このことについて、再び検討していきましょう。

　一般的に大きな組織のマネジメント上の特性として、組織が大きくなった場合、官僚的になり、役割が細分化され全体が見えにくくなり、実行のため多大な調整作業（報告書・会議）が必要となりがちです。さらに過去の成功経験により、組織・個人が現状に安住しており、チャレンジを回避する傾向があるといわれます。

　このような組織はマネジメントレベルでも危機感に乏しく、従来型の延長で仕事を行うので、新しい製品開発を目的としてもなかなか顧客の視点での見方ができにくくなります。すなわちマーケット（商品）でなく技術（プロセス）を中心に見てしまうことになります。

　安定的な環境の中でイノベーションを実現するために技術者に対して要求されるのはハングリー精神ではなく起業家精神ということになります。技術者には挑戦するということの意味合いについての発想の転換が要求されますが、今や知財関連業務と知財人材についても全く同様のことがいえる時代であることはいうまでもありません。

　これについて図7－2にまとめてみました。これまでの発想要求は基本的に技術によりプロセスを改善して、「きっちり造る」ことでしたが、これを将来の可能性に基づいて新しい商品（プロダクト）を「ちゃんと創る」ことに変化し

図7-2 技術者に期待される発想の転換

- これまでの（技術者に対する）発想要求
  →経験とデータと論理に基づいて、きっちり（プロセスが大切）造ること‥‥**過去の学習と連続的**なベース

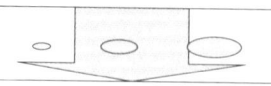

簡単そうで簡単ではない！！

- これからの（技術者に対する）発想要求
  →創造性と将来の可能性に基づいて、ちゃんと（新しいプロダクト）創ること‥‥**未来の先読みと不連続的**なベース

ていることに切り替える必要があります。

　確かに一昔前は知財の仕事は技術者の発明概念を明細書化して特許を取得して、それを間違いなく管理することが主要な業務でした。しかし、新しいパラダイムでは、技術者の発明を、単なる技術の新規性や完成度的なポイントから捉えるだけでなく、顧客価値とつながっているか、会社の事業戦略やロードマップと関連しているかを見極めることが、知財人材にとって極めて重要な業務となりました。すなわち知的関連人材も常に起業家精神を持ちつつ、研究開発部門、事業化部門、経営企画部門と密接にリンクすることの重要性を理解した知財マネジメントを行うことがますます必要になっています。

　すなわち知財部門は単なる技術の特許化とか契約の担当部署ではなく、全社の知的財産を経営的に総括する部門として位置付けられており、これからの技術者や経営者に求められているのと同等、あるいはそれ以上に未来の先読みとリスクを考慮したチャレンジを行うことがミッションとなったのです。

　具体的に知財関係者はどうすればよいのでしょうか。特に開発ステージや事業化ステージについては、技術や顧客の不確定性が大きく、幾つかの点に注意

が必要です。まずは一般的になりますが目的（VISION）と手段の基軸を明確にする（手段の目的化を避ける）こと、方向性を誤らない（マーケットと技術の可能性を熟知する）ことです。その上で、顧客や技術展開の環境変化に機敏に対応する（手を早く打つ）ことが必要です。

一方では、ある程度の時間誤差については許容するフレキシブルなマネジメントを行うことも必要です。これはいわゆる「仮説の構築と検証」作業のサイクルであり、そのサイクルをいかに早く回すかというのがイノベーションの方法論の勘所となるからです。

もっと具体的にいうと、技術については完成度を追い求めるのではなく、できるだけ早く顧客の要望に沿うプロトタイピング・試作を行うこと、一方では顧客による評価のフィードバックを地道に行い、そのサイクルを早く回すことです。

この時の知財関係のマネジメントでは、研究ステージにおける基本的な発明の権利化（創造—保護サイクル）だけではありません。

開発と事業化ステージにおいては、イノベーションのプロセスのサイクルに乗って次々と派生して発生する応用技術と、顧客側に関連する知的財産（応用発明、製品発明、意匠、著作権、ノウハウ、ブランドなど）を的確に権利化して、事業のリスクヘッジにつながるようにしていくことが大切です。またこれらのポイントとリスクヘッジの内容を経営者、技術者、企画者などと共有することでその効果は大きく拡大します。

2．知財人材はサポーターからメインプレーヤーへ

(1) 知財立国の時代に対応した知財人材とは

2002年に日本が知財立国を宣言した時から、以下の4つの項目が知財部門の人材の資質についての条件として挙げられていました。第一に法律・実務に詳しい、第二に先端技術に明るい、第三にビジネス感覚があり、さらに第四は国際性があるということです。もちろんそのようなすべての要求に対して満足で

きる人材を求めるのは、現実にはなかなか難しいのです。

MOT視点でいえば、イノベーションのパラダイムシフトに対応して、事業のサポーターから積極的に事業にかかわるプレーヤーになれる人材、いわば事業のリスクを自分で先取りする人材が必要ということになります。これは上述の4つの資質の中の第二、第三の条件と重なるかと思います。理想的には知財関係者が研究開発者、プロジェクトのメンバーを兼任することが最適ですが、そうでなくてもその意識を持っていることがポイントです。

これからの知財関係の仕事は未来への仕事、すなわち先読み業務です。当面のリスクは少ない業務である反面、うまく先を読み積極的にリスクを取ることを期待されており、そのことを強く意識することがイノベーション時代に適応できる知財人材になる第一歩となります。

（2）開発、事業化のサポーターからリーディングするプレーヤーへ

では、どのようにしたら知財関係者は開発・事業化ステージでのサポーターからプレーヤーに変身できるのでしょうか。この考え方は企業内の知財関係者だけでなく、外部の弁理士や知財関係の仲介業務の方々の業務についても当てはまるものと考えています。

その内容とは、既に述べてきたように開発ステージにおいては、関連製品、関連技術の方向性を見極めて先駆的かつ発散的に特許を確保し、他社の特許との関連をチェックすることです。これを現実的に行う方法は2つあります。実際の開発者がこのような知財的知識とマインドを持って自分で積極的に広げるか、知財関係者が開発の輪の中にプロジェクトのメンバーとして入って積極的にリーディングしていくかです。

筆者がよく知っている米国の開発型のベンチャー企業（20人程度の小規模企業）では、研究開発者自身が弁理士の資格を持っている場合が結構ありました。

このような場合では自分の発明だけでなく、同僚の関連発明についても一緒に取り扱いながら仕事をしているので、その重要性について時間軸的な判断も含めて、必要な知財関係者の役割や成果についてよく気が付くわけです。

このため、プロジェクトとしての仕事では、直近では必要ないが将来の付加価値に関係があるものや、事業化へのリスクヘッジに関する有効な発明などを選び出して権利化することが可能となります。今後の知財関係者の新たな役割について、もう少し詳しく整理してみました。

①開発・事業化プロジェクトへサポーター（あるいはアドバイザー）としてではなく、メンバーとして入ることで、従来型の特許戦略との差別化を果たし、知財のみの専門職から起業家の一員となる。

②製品、商品戦略を作るための発展性のあるロードマップを検証することで、事業と統合した知財戦略のロードマップの構築が可能となり、経営、事業、技術戦略への貢献を果たす。

③知財を軸とした自社の強みを理解したマーケティングによるニーズ先取りと（競合も含めた）アライアンスを構築することにより開発と事業化ステージをリードする。

■第7章のまとめ

(1) イノベーションの実現のための人材

イノベーションの実現に役立つ人材には、その資質の基軸として、まだ誰もやったことのない、新しい挑戦を実施して世の中に役立つイノベーションを起こす起業家精神が必要ですが、イノベーションの実践は一人では難しいため、皆を巻き込みながら、業を企て、起こすというマネジメント力とコミュニケーション力も必要となります。

(2) これからの知財人材とは事業化をリードする人材

これまでの技術者、事業者へのサポート的な役割から、新事業のマネジメント（MOT）を理解することで知財人材も自ら事業推進に参画しリードすることができるコアメンバーへ変身することが期待されます。

<第7章　Q&A>

(1)イノベーションにチャレンジする知財人材の基本的な立場とは

> Q：必要なステージで必要な知財権が確保できていない、権利化のタイミングがずれている、最終製品の知財による保護が弱い、市場での有利な状況をアシストできていない、他社にリスキーな権利があると上市を阻むべきか等、イノベーションへのチャレンジでは知財マネジメントに関する悩みは尽きません。これからの知財人材としてのあるべき考え方や対処方法のアドバイスをお願いいたします。

A：新事業というのは、(自社においては) まだ誰もやっていないからこそ新事業であることをもう一度認識していただきたく思います。

　特に効率化を求めてきた企業が、あらたに新事業を展開するというのは、ある意味でこれまで無駄といって捨ててきた領域のところを探索することになるのですから、これまでの考え方では知財の権利化が遅れるのは当たり前という感覚が必要です。

　最初から十分揃ってからやるのでは、永遠に出発できないことになります。
　既存事業が中心の定式的な特許戦略が確立している大企業ではイノベーションのスタートや実現が難しい1つの理由になり、知財関係者が起業家精神を持つ必要性がまさにここに存在するのです。

　例えば新事業展開に伴って、傍観者や批評家でなく、不足する技術を知財としていかに調達するか、少ない知財をいかに有効に確保し、生かしていくか・・・・まさに自ら可能性を求めてイノベーションを起こす一員としての活躍が求められているのです。

(2) 知財関係者からの発信やコミットメントとは

> Q：知財部門からタイミングの良い情報発信がなされていないといわれます。今まで不十分であったと思われる知財側から積極的にコミットすべき考え方やテーマとは何ですか？　またその中で、MOTの視点で特に留意すべきことがあったら教えてください。

A：新事業のマネジメント（MOT）を理解することで知財人材もこれまでの、技術者、事業者へのサポート的な役割から、自ら事業推進に参画しリードする主要メンバーへ変身することが期待されています。

　知財部門からのタイミングの良い情報発信とは何か、本書全体の復習をかねて考えてみましょう。もともと会社の各種組織は何らかの必要性があるので存在しており、それが組織のミッションとなります。

　特にコーポレート部門は各事業部のような商売に直接役立つ部署ではないのでその存在意義は時代や経営方針とともに変化してきます。そのことを考えると、知財部門のミッションも当然企業の経営方針、環境条件の変化にリンクして常に変化しているのです。

　そういう意味で、知財部門も必ずやらなければいけないルーチンの仕事以外に、その変化と経営者の要望をうまくとらえて、経営サイドからこれをやってくれと言われるであろうことを、事前に発信する（こんなことが、今の経営環境下や経営方針上必要になっているので新しい〇〇の試みを開始しています、とか開始しようとしていますなど）試行錯誤的活動が重要です。

　昨今の製造業における経営環境、事業環境変化はイノベーションを軸にしているため、この中でコーポレート部門の中でも、経理や人事、総務といった日常の業務が主体の部署と違って、知財部門は従来よりも格段に重要性が大きく増加した部門の1つとなります（そのために、部署の名称も「特許部門」から「知的財産部門」に変化したわけです）。

　では、具体的に何が最も求められているのでしょうか？その最大のものは、

新規事業創出に関する積極的な理解、支援から始まり、最終的には主導的な役割です。

その内容は本書で述べたように、新規事業の事業化ステージ（研究、開発、事業化の各ステージとそれぞれのステージの間に存在すると予想される各種の障壁（魔の川、死の谷など）を意識してそれぞれの対応をタイミングよく提案し、進捗報告していくことが重要な発信内容になります。

従来のルーチン仕事をやっていることと、経営側、あるいは新事業部門から依頼されたことをやっているだけでは不足です。是非新事業企画や実施部門の中に積極的に入って知財面をリードすることを実行してください。

（3）知財部門におけるイノベーターの資質

> **Q**：企業におけるイノベーター、また知財部門に属してイノベーションを一緒に起こそうとするときのあるべき心得、考え方等について教えてください。

A：企業におけるイノベーターの存在は、これからのイノベーションの時代には大変貴重で、まさにそれらの人々の存在が企業の将来を支えるといっても過言ではありません。

しかしながら、従来、日本の大企業の中ではイノベーターは異端児、変り者、主流でない人たちという目で見られがちでした。しかし、今後はイノベーター自身も自分たちが理解されない、特別だ、などという意識を捨てていくことが必要です。

そして例えばロードマップ作成などによりイノベーションへの過程を可視化したり、リスクヘッジを率先したりするなど、MOT的手法を駆使して理解者を増やし、周囲の協力を得ることを自己の重要なミッションと自覚し積極的に行動していかなくてはなりません。

知財関係者は、イノベーターの行おうとしている新事業の可能性や技術的

バックグラウンドの確実性などの可視化努力に貢献することが最も直接的なポイントです。もう1つは、知財権の確保の状況やアライアンスの可能性などについて常に明確にしておくことで、事業化へのさまざまな技術的リスクについて知財面では直ちに対応できるようにしておくことです。

　いずれにせよ、新事業の成功は今後の努力で切り拓けるとの信念を持って常に最大の成功可能性をイメージし、できない理由でなく、できる理由を探して、それを前向きにバックアップする視点でお互いに協力を惜しまない姿勢が求められます。

終章
まとめと提言

　新事業を進めるときに MOT ではどう考えるかの基本と、その中での知財の役割と重要性について本書では説明してきましたが、読者それぞれの立場での課題は何か、それに対しどうすべきかについて参考になったでしょうか。

　特に、今まで知財を専門にしてこられた方にとっては、知財本来の目的が事業のためにあるとは具体的に何を指すのかについて、また、その時に知財の果たすべき役割についての新たな「気付き」のきっかけとなり、一方では、研究開発、事業部門の方にとっては知財の役割と重要性をそれぞれ違った角度から再認識するきっかけとなれば大変幸いです。

　中小・ベンチャー企業ではもともと保有しているリソースは何でも活用して事業推進や利益確保につなげるという思いが強く、組織も小さいので情報が共有化されやすいのです。経営者の意思決定も一体となって素早く行動できるため、「気付き」さえあれば課題の解決は早く行われると考えられます。

　しかしながら大企業などの大きな組織体では組織間の情報交換もスムーズではなく、また、長年にわたって専門的部署の役割分担が進み、考え方や文化に大きな隔たりが生じています。このため知財部門に限らず他の組織と連携して会社全体として大きく舵を切って急激な社会変動、経済変動に対応していくことは困難な面もあります。これが大企業において近年のイノベーションのパラダイムシフトへの対応がなかなかうまくいかない原因の1つといえるかもしれません。

日本では早くから多くの大企業が知財の重要性に目覚め、特許の出願件数を増やし、組織の拡大を図ってきました。これに伴い、知財マネジメントのツールの研究も盛んになり、知財戦略についてもさまざまな研究がなされてきました。

　一方ではその費用も膨大となってきたため、知財収支、知財会計、ひいてはプロフィット部門としての独立可能性等についても議論がなされ、また、これと同期して、知的財産の価値評価の研究も盛んに行われました。しかし、残念ながら実際には理想的な知財経営を成し遂げたところは少数に限られていると思います。

　「知財は全体経営を最適化するためにある」とは昔からいわれていましたが、少し前までは、部門組織を維持するために、自己目的的な目標を掲げそれをクリアすることに重きを置く知財マネジメントがしばしば見受けられました。経営環境が厳しくなると経営者からは外からの収益確保、ライセンス収支の黒字化などがますます強く求められますが、当然ながら知財のマネジメントや人件費に掛かる費用を賄うレベルの収益の達成は難しいのです。

　他方では研究開発の本数は減少し組織の縮小や、マイナス評価につながりかねない出願件数の削減や、出願したものの棚卸しによる経費削減もままならないなどの矛盾を抱えています。

　そこで従来の知財戦略をどう変えたら問題の解決につながるのか、多くの知財担当者の悩みや、ジレンマは今も続いております。深刻な経済不況の影響で知財部門を取り囲む環境はいよいよ厳しくなっており、知財戦略と実務上の知財マネジメントの見直しが焦眉の課題となってきました。

　この課題を解決するためには「知財は経営のため、顧客のため」の原点に立ち返ることが必要であり、MOT視点によるイノベーションの考え方による知財戦略の考え方がその有効な端緒となり、具体的な方法を提供してくれると考えます。

　それでは本書で説明してきたMOT視点による知財戦略と知財マネジメントを社内に広く根付かせ、その内容について各部門の共通認識を醸成し、新事業

創出すなわちプロダクト・イノベーション（もの創り）の時代に対応できる強力な知財経営の体制を構築するためにはどのようなことを行っていけばよいのでしょうか？　残念ながら絶対的な正解は用意できませんが、筆者の企業でのさまざまな経験や、企業のコンサルタントでの多くの経験から考えたことを以下に整理して提言し、本書のまとめとさせていただきます。

(1)教育、人材育成・発掘

　MOT、知財の教育については、かつて大きな盛り上がりがありましたが、昨今はやや低調な印象があります。盛んであった当時はその効果が万能のように喧伝されたきらいがあり、結果への失望感から一部に絶望感と、今更という思いがあるかも知れません。

　しかし、昨今の不況の中で悩みぬいた揚げ句、これを打破するためにはやはりものづくり、ヒトづくりの追求しかないということから、各企業においては、MOT、知財の再構築への真剣な取り組みが静かではあるが確実な流れとなっています。

　知財をイノベーションの確かなツールにするためには、まずこれらの正確な知識を経営者も含め関係者全員が習得することが必要です。これは担当者間、組織間でイノベーションと経営についてのMOT視点での共有化と意思統一を図っていくためのベースとなるからです。

　教育効果を上げるためにはその目的、ゴールを明確にすること、また、今までの社内の知財戦略の結果、成果の振り返りが必要です。

　教育や研修のテーマとしては、
- MOTの考え方の基本（イノベーションのマネジメントの理解）
- 知財戦略と知財マネジメント論
- MOTによる各種ロードマップ、ビジネスプランの作成方法
- MOTによるマーケティング（マーケティングの基礎、キャズム理論、市場の推定法）
- 研究開発テーマの評価と絞り込み

・アライアンスとしての共同・委託研究、契約の考え方

などが重要です。

上記の内、知財、契約の実務に関しては、社内に講師が務まる人材がいる場合が多いですが、MOT関連の理論と実践の活用については、実践経験を積んだ講師を社内に求めるのは現状は大変難しいと考えられます。また外部の視点も必要ですので、それに相応しい外部講師に依頼するのが妥当です。なお、外部講師に依頼する場合には、各企業の特質、現在の状況、教育の目的、ゴールについて外部講師に事前に十分な説明が必要です。

次に人材育成・発掘とは、ここでは新事業のイノベーションを担うキーマンの育成・発掘のことを指しています。彼らは、MOTの考え方を理解するとともに、マーケティング、ロードマッピング等のMOTのスキルだけでなく知財マネジメントの実践力にも優れ、契約業務にも明るくなければなりません。イノベーションに関係する各部門の業務の実践的な知識についても相当な知見を有するとともに、社内外の調整能力、全体を見る俯瞰力、行動力、見えない将来に向かって突き進む起業家精神も兼ね備えていることが必要です。

このような人材を一朝一夕に育てるのは現実にはかなり無理ですが、研究開発、あるいは事業企画、経営企画の優秀な人材をあらかじめ選別して、全社の協力体制の下で、一定期間、関係主要部署の担当を経験させ、実践経験と人的ネットワーク形成に基づいて計画的に育成していくことで可能となります。彼らの育成には関係各部門の連携による真摯なOJTが欠かせませんが、そのコミュニケーションの努力が組織の中にイノベーションの素地をつくるようになるでしょう。

彼らには上記の極めて広範な能力に見合うだけの優秀な資質が求められることはいうまでもありませんが、最も肝心なのは配属先の苦労や問題点をよく理解し、彼らの立場の代弁者になり、信頼で結ばれたネットワークが形成できる、謙虚で誠意ある人材であることです。

また、育成対象の人材には実際の場面で、どんどんテーマを与たえ、結果を要求し、仕事をさせることが大切です。育成・発掘された人材は取り組むべき

対象は不確定な将来なのですから、最終的には、彼ら自身が考え、目利きし、切り開く能力を身に付け、高めていかねばならないからです。これが本当の意味でのMOTの実践可能な知財人材の育成といえるでしょう。

(2) MOTの各種ツールの整備

新事業やイノベーションの関係者の意思疎通、相互連携をスムーズにするためにはMOTの各種ツールを整備、共有化することが必要です。多くの大企業では、各部門ごとに何らかのロードマップやビジネスプランが既に存在しているはずですが、それらが統合され、共有化されることこそが重要です。

新事業の推進に向けては、事業ロードマップ、製品ロードマップ、技術ロードマップ、知財ロードマップが、互いに関係付けられ、統合化されることが必要です。関係各部門の担当者は自分が所属する部門のロードマップについては十分に理解しかつ他部門に説明できるレベルに達しているのはもちろんのこと、他部門のロードマップについても同様に十分に理解できているようにすることが必要です。

このようなロードマップの統合、共有化は結構大変ですが有意義な作業となります。なぜならばこれらは各部門の意思や義務を表明するものとなりますので、それぞれがその立場を主張して調整が困難になる場合があるからです。しかし、だからこそ、このツールは実効的に全部門をまとめる重要な働きをするのです。

ロードマップは、研究開発の段階でしっかりと作成することが必要ですが、どうにでも取れるような抽象的で中身の薄いものでは役に立ちません。また、状況の変化に即応して各部門からの申告で、常にアップツーデートしていくフレキシビリティが必要となります。

ロードマップのほかにも新事業の推進ツールとして、(次のステップとして)ビジネスプランの作成が必要です。ビジネスプランは通常、新事業の将来がある程度見えてくる事業化ステージ以降で作成しますが、産業化に向け人員、生産設備、オフィス、営業体制、外部との連携体制、アフターサービスや品質保

証などの具体的ビジネスモデルと、経費計画、利益計画も盛り込みます。また、ベースとしての経営方針も明確化が必要です。もちろん、ビジネスプランは、各ロードマップと整合性を持つように作成されることが重要です。

この他、上記のロードマップ、ビジネスプラン作成に影響を与える要素も共有化できる形でツールとして整備するのが望ましいところです。

例えば、知財戦略は、新事業のイノベーションに向けたもののほかにも種々のポイントがありますが、既存事業分野における競合企業に対するパワーバランスの優位性確保のための戦略が直接、間接に上記のロードマップに影響を与えるのであれば、この情報も共有化しなければならないからです。

その他、内容が正確に伝わりにくいもの、あるいは複数部門で利害が対立するようなもの、例えば、前者は技術のマーケティングのノウハウ、後者では知財の評価、棚卸しなどについても共有化できるツールを利用することが有効であり、それらはMOTの実践ツールとして着々と揃いつつあります。

(3)連携（アライアンス）と組織

新事業をスムーズに推進し顧客価値を早く見出すためには、関係組織間の連携が重要であることはいうまでもありません。

そのためには、連携のための仕組みが必要ですが、よく見られるのはトップダウンによる部門間の連絡会議、人事交流です。研究、開発ステージでは、部門内にあるいは独立した形で、研究、開発プロジェクトを作ることも有効ですし、外部の開発系ベンチャーに委託する場合も多くなってきました。また、事業化ステージでは、コーポレート型のベンチャーを立ち上げることもよく行われます。

実施体制については新事業やイノベーションのテーマの性格、自社内のリソースなどを勘案し、それぞれのメリット、デメリットを熟慮して選択する必要があります。

プロジェクトやコーポレートベンチャーで最も重要なのはプロジェクトリーダー、ベンチャー責任者の能力と資質です。誰を選ぶかで結果はほぼ決まって

しまいますので、序列や従来のしきたりにとらわれず、最も有能なMOT視点を持つ人材を選ぶことが大切です。

開発ベンチャーに開発業務を委託する際には、連携を強め、業務の質を高めるために、研究開発のコアとなる人材を派遣することも考慮すべきです。また社内をうまく取りまとめ、新事業を協力に推進するためには、すべてのステージにわたって新事業にかかわっていくコーディネーター役も必要です。

通常はさまざまな経験を積んだ経営企画部門の担当者がその役を務めることが多いのですが、よくある失敗例として、管理系出身者で経理関係にのみ強い人材が任命されて、顧客ニーズや研究開発の内容が十分に理解できないまま、権限を行使してタイムスケジュールと経費計画にばかり強弁を振るって浮き上がってしまうケースがあります。この場合にもやはり適切な人材の確保が課題です。

なお、最近は研究開発の企画部門の長が知財部門の長に異動したり、経営企画部門のマネージャーが、研究開発企画部門のマネージャーに異動するなどの、相互の組織の連携基盤作りがよく行われるようになりました。MOT視点では、これをさらに顧客対応スキルという面も含めて進める必要があると考えます。この場合にもキーになるのは人材であり、安易な人事異動は逆効果にもなりかねません。

（4）知財マネジメントのミッションの拡大と実績評価の見直し

知財マネジメントは従来、強い特許網を構築し、競合他社の市場参入を防止したり、特許パワーのバランスを優位に保って市場でのシェアを拡大することが最も重要とされてきました。

現在、製造業のパラダイムシフトによって知財の役割も大きく見直されつつありますが、現状はまだ特許部門の業務の多くの部分を上記の特許マネジメントが占めていることには大きな変化はありません。目先の利益貢献の度合いからいえば、それはそれで重要性があり、新事業のイノベーションのためのMOT視点からの知財マネジメントはこれに変わるものではなく、双方がバラ

ンスよく行われることが必要です。

　しかし、知財マネジメントの業績評価の点からいうと、従来型の評価体系においては、将来価値の見えていない（現在価値は当然低い）特許の出願、他社の先行技術調査、アライアンス候補の抽出やその特許評価、マーケティングに基づく知財戦術の構築、知財ロードマップの作成、知財の棚卸しなどは、現在価値に結び付けて考えにくい分評価されにくいという傾向がありました。

　新事業やイノベーションのための知財マネジメントは、最も困難で創造的な業務です。能力、資質のあるMOT人材が知財戦略づくりとともに、全力を傾注して行うべきものですので、今後はそのチャレンジをバックアップするためにも業績の評価体系を見直し、再構築することが必要です。

　従来、特に技術力を誇る製造系のメーカーの知財部門においてはプロセス系の特許技術が重要視され、商標、意匠、著作権などは比較的軽視されている傾向がありました。

　今後のプロダクトイノベーションの時代には顧客のニーズに応えることが最も大切であり、顧客価値に近い商標、意匠、著作権などの価値が相対的に大きくなってきました。すなわち、今や新事業の知財価値を最大化するためには、CIや、ブランド価値の向上の手法も取り入れつつ、すべての知財をさまざまに組み合わせて活用することが大切になります。従って業績の評価体系を見直す際には、これらのことも十分に考慮することが必要です。

(5) 職務発明の評価基準の見直し

　特許法35条に基づき多くの企業で職務発明規程が運用されています。一般的には、特許の出願（出願する権利の承継）時の補償金、登録時の補償金、登録後の実施実績、ライセンス、譲渡による収益に対する報奨金という構成をとっています。

　今後の知財はアライアンスのための手段としての役割がますます重要になりつつありますが、これが将来において職務発明の価値評価でいろいろな問題が発生する可能性があります。

従来でも大手電気メーカー同士では開発の自由度を確保したり、大きな連合を組むために大型のクロスライセンス契約が締結されるケースがしばしばありました。その際に対象となった特許権の発明者には職務発明規程により報奨金が支払われますが、個々の特許権により会社がどれだけの利益を上げたかの納得性のある基準を作ることが困難であるため、これが発明者の不満を誘発することになっていたのです。

　今後は新事業においてはアライアンスのための無償のクロスライセンスが増えると考えられるため、このような場合の評価基準を整備した知財規程の再構築が必要となります。

　また、一方では発明者だけでなくイノベーション（開発・事業化）に貢献した人材をいかに評価すべきかという点も規程の見直しの際、注意が必要です。

(6) 外部専門家の積極的活用

　新事業のイノベーションに対応できる体制を早く立ち上げるためには、セミナー、文献などを通じた理論武装も必要ですが、相応しいテーマを見つけて早く実際にチャレンジしてみることがまず肝要です。

　そのためにすべてを社内で準備し賄うことを考えては、時間ばかり費やし、なかなかスタートできないことになってしまいます。また、自らの部門で長年培ってきた伝統や戦略をMOT視点で棚卸しするというのも大変抵抗のあることです。もちろん自社の情報をどこまで開放するかの問題はあるものの、この場合には、社外の専門家の知見を活用することが大いに効果があると考えます。

　前にも書きましたが、新事業を立ち上げた経験の豊富な有能な人材は企業のOBをはじめ、国内でますます増えています。これらの人の知恵を借りることで、今、何をしなければならないか、何が欠けているか、どのステージにいるのか、わが社にとっての「魔の川」、「死の谷」とは、具体的に何なのか、などの全体像が明らかになり、スタート地点が見えてきます。

　MOTのマーケティングについても優れた専門家が実践の中で育ってきています。

また、技術や市場の将来予測の調査にしても今までの特許資料だけでなく、その他の文献資料、他社のさまざまの経営資料などを対象にしますが、外部の専門家を活用することで大部分が解決できます。

　時代の変化は急激であり、じっくり構えている余裕はありません。まずは、チャレンジして、経験し、自社の核になる MOT 人材を育成・発掘し、まずは自分がそうなることで早く成功体験を作ることです。

　以上思いついた点を幾つか列挙しましたが、新事業のイノベーションにおける知財マネジメントの役割についてはまだまだ議論が発展途上であり、本書をきっかけとして今後、このことが少しでも明確化されてくることを期待して筆を置きたいと思います。

付録

1．知財（特許）の事業性評価手法（TIG 法の概要と応用）

　事業にどんな価値をもたらすかの視点で研究開発の成果を考えるとき、所有する知財や新規事業テーマの有効性や進捗度などを可視化することは常に重要です。

　このような目的のために、筆者達はMOT（技術経営）における開発テーマや事業化テーマの事業性評価の方法論を用いて、事業化戦略の可視化に役立てるためのポートフォリオ評価・分析手法を開発しました。その手法は会社（テクノ・イングレーション、TIG）の略称をとってTIG法と呼んでいますが、これは知財の評価にも使用することができます。

　具体的な内容は、事業化のステージとマーケットのキャズム理論を利用して戦略判断のマネジメント・ツールとするものですが、ここではその概要と知財評価への応用の一端を参考までにご紹介します。

（1）事業性評価手法（TIG 法）の概要

　その主なポイントは、研究、開発アイテムや製品・商品の開発プロジェクトを戦略的に整理して、事業化のテーマとして絞り込む手法であり、技術軸を一義的に使わない方法です。

　図付1-1にTIG法のフレームワーク（概要）を示してありますが、「戦略的に整理」とは、経営上の資源の優先順位付け、再配置などを事業可能性ベースで検討できるように可視化することです。知財（特許）の将来価値評価にTIG法を適用すれば、経営層などが技術の詳細についての判断はできなくても、事業の将来をにらんで知財のポートフォリオの戦略議論をすることが可能となります。また、時系列的なロードマップを併用することで、結果として経営者、マーケッター、技術者が同じ土俵で事業的ポジショニングを共有化できるようになります。

　具体的に使用する軸として、知財（特許）に関係する研究開発（製品）項目

図付1-1　TIG法のフレームワーク（概要）

- 研究開発（製品）項目（テーマ）別に事業化への進捗軸と市場の成熟度軸で相対位置により優先度を評価

- 事業への軸（技術的完成度を含む）：研究・開発・事業化・産業化ステージ

- 市場への軸（キャズム理論との対応を含む）：潜在、萌芽、初期、顕在ステージ

⇒ ・マーケティングによりマーケットの広がりの推定とその中の商品のシェアを推定

⇒ ・競合との比較による強みと弱みを客観的に比較

別に、事業化への進捗軸と市場の成熟度軸の相対位置により評価します。具体的には、「市場への軸」（マーケットのキャズム理論との対応）と「事業への軸」（MOTステージとの対応）を採用しています。

すなわち、事業化の進度をマップとして示すことで、テーマ間のマーケット対応性を相対的に比較した上で評価します。

これらの図を共有することで参加者全員で事業イメージを可視化することが可能となり、さまざまな技術や知財の価値を見極めて技術開発テーマや製品等の事業性評価が可能となります。

この方法で何できるかについて整理すると以下のようになります。
① 各種研究開発テーマの事業化可能性と時期、事業サイズの明確化
② 各研究テーマ、コア技術の再位置付けと優先順位付け
③ マーケットに対する担当者の認識向上とテーマの効率的絞込み
④ リソースの戦略的再配分
⑤ 担当者、経営マネジメント、企画管理などの各層の相互理解と協力体制構築
⑥ 知財、特許（単独、グループ）別の事業化可能性などの位置付けの可視化

付録

　なお、知財マネジメントへの適用についていえば、用途のキーワードをもとにマーケットの推定ができれば、研究開発テーマと同様に、単独の特許やグループ特許別の戦略的比較が可能になります。知財の棚卸しへの適用も可能であり、またマーケットの推定については、本書の付録2．で示すフェルミ推定法が適用できます。

(2) TIG法により使用するマップ

　TIG法では必要に応じてマップを使い分けますが、基本になるのは「Xマップ」と読んでいるポジショニングマップとなります。これは事業化ステージとマーケットステージの2つの軸を平行において相対的な位置関係を示した基本マップです。大切なことは、このマップでそれぞれの軸の位置付け（ポジショニング）を関係者の議論によって共有化することができることです。

　Xマップにおける解析イメージの事例を図付1－2に示しましたが、評価対象である研究開発や新規製品開発テーマをこのマップ上に並べることで、製品の（マーケットのニーズに対する技術的な）完成度と、マーケットの（大きさ

図付1－2　マーケットと技術（商品の完成度）のマッチング（Xマップ）

マーケット	潜在	萌芽	初期	顕在
	特許で想定する将来事業を製品・商品と市場から位置づける			
	将来技術トライアル	シーズ先行型	赤字事業	
製品・商品	試行事業	開発事業	成長事業	
	研究（技術シーズ）	開発（製品・試作）	事業化（商品）	産業化（量産ベース）

と成熟度に関する）ライフサイクルに関する位置付けについて認識の共有化が可能となります。

もし知財の個別または領域でのテーマがこの開発テーマに置き換えることができれば、マーケットの先行度と事業化の先行度が相互の関係でイメージ化できます。すなわち、両者から見た基本的なポジショニングが可視化されるのです。

（3）事業性評価マップ（TIG法）による知財評価

TIG法をうまく使うことで、知財（特許）のそれぞれの用途をベースにして、将来の事業性に関する優先度評価に使用できることが分りました。この方法はMOTのステージそのものと対応しているので、絞り込みの評価ゲートや、入口の評価ゲートの機能としても使えるし、ロードマップ等の時系列的な評価としても活用できます。

実際にTIG法の中で基本となるXマップ作成の作業のフローを参考までに図付1-3に示しました。

図付1-3　TIGマップのなかでのXマップ作成の具体的作業手順例

作業1：特許明細書より各用途ごとの基本データのカテゴリー別シートへの転記
↓
作業2：用途から商品イメージ拡張と市場調査
↓
作業3：事業部門、研究開発部門へのヒアリング
↓
作業4：Xマップへの配置（合同会議）
↓
作業5：Xマップの完成と確度向上 → A,B,Cマップ作成へ

（4）各種マップの概要と戦略マップとしての使い方

　TIG法ではXマップで縦軸、横軸の位置を決めた後、必要に応じてA、B、Cという3つの戦略マップ（ポートフォリオマップ）を描いていきます。それにより、その後のポートフォリオ評価、分析において（A、B、C各マップにおいて）軸の位置付けに関する議論が容易になるとともに、次のステップの技術力や営業力の評価に置き換えて集中して議論することも可能になります。

　これらのマップはXマップをもとにした市場規模と売り上げ目標規模を明確化したAマップ、技術関係の困難度（＋差別化）をY軸にしたBマップ、営業関係の困難度（＋差別化）をY軸にしたCマップを用います（図付1-4）。

　Xマップでのポジショニングが明確になれば、Aマップの位置付けは比較的容易です。この図の両方の軸の位置は既に決定されているのでそのまま割付けていきますが、この図により、早期事業化の可能なテーマが絞りこまれます。

　例えば、完成度はかなりあり、あとはマーケット主導型での展開が考えられる案件、またはマーケットは存在するのであとは足りない技術獲得型の展開が求められる案件という具合に判断出来ます。

　現実にTIG法では事業化できるテーマを可視化し、経営者や技術詳細に疎い人々も加わったメンバーで優先順位をつけるための共有化マップとしての有効性が認められています。ここでは知財案件の事業性を評価する可能性の考え方を紹介しました。

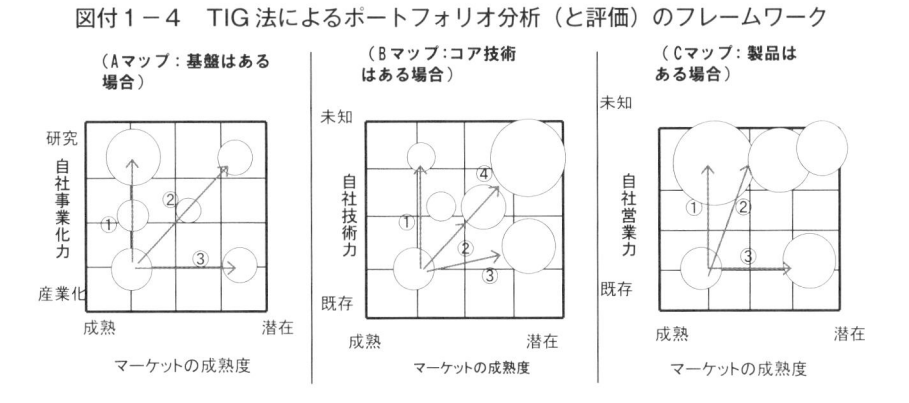

図付1-4　TIG法によるポートフォリオ分析（と評価）のフレームワーク

2．フェルミ推定法による知財（特許）のマーケット規模推定例

　新規事業においては、存在しないマーケットをどのように推定するか大切ですが、これは知財の評価やその棚卸しをする場合の課題となります。実は新商品・新事業の場合、マーケット自体が存在しない場合が多いのですが、この場合でもマーケットの（定量的）推定は必須で、その方法論がMOTではフェルミ推定法として存在します。
　この手法を用いると、知財（特許）のマーケットのサイズも推定することができますので、そのポイントを紹介しましょう。

(1)フェルミ推定法の活用による概算の考え方
　つかみどころのない物理量を短時間で概算する方法の1つに「フェルミ推定法」と呼ぶ方法があります。この方法は少ないデータから仮説構築を論理的に行うもので、核物理学者のエンリコ・フェルミが得意としていたといわれます。
　このような推定法は米国では、マイクロソフトやコンサル会社の入社問題としても有名です。
　日本では「地頭力」を鍛える方法の1つとして紹介されており、近年有名になりました。フェルミが出した問題のもともとの例としては
　①シカゴ市内にピアノの調律師は何人いるか
　②世界中で一日に食べられるピザは何食か
　③ミシガン湖の水は何滴あるか
　などがあります。フェルミは後年シカゴの大学の先生をしていたため、このような問題が多いのです。多くの仮想問題とその解答例がありますが、この推定法の特質上絶対的な正解はなく、あくまで概算を行うものとなります。

(2)見えないマーケットのサイズを推定する知財のマーケットの考え方
　知財（特許）の明細書からフェルミ推定を行いおおよそのマーケットのサイズを推定する考え方を紹介します。まずは明細書に書いてある用途について、主要な3〜5つの分野を対象にしてそのマーケットを特定し、数字を見積もるところから始めます。
　この推定数字はあくまで概算ですが、その算定根拠については明確（論理的）

な説明が必要となります。特にビジネスを提案する場合には、ビジネスプラン（事業計画書）の採算などの計算のための根拠となりますのでなおさらです。

具体的にはマーケット全体およびカテゴリーごとの売り上げ推移予想が基礎数字となります。ここではあらゆる用途の市場の可能性を抽出し、市場サイズの最大値を推定するのを手始めとして、まずは「自社で、できそうな事業」という制限を外し、発想を広げながら、あらゆる事業化の機会を検討することにより、技術シーズの可能性を最大限引き出すのがポイントです。

このためには、発明者や関係者の関連する特許などを加味して予想（期待）顧客先、業界（具体的会社名、部署）を具体的に書き出していくのです。さらにマーケットのキャズム理論を適用すると、時系列的なライフサイクルを加味した年次別のマーケット数字が見えてきます。そのあと、売り上げや利益数字も算定していくのですが、その時は自社の強みなどを勘案して推定していきます。

フェルミ推定事例では多くの問題例が公開されていますが、マーケットに関する問題例を一部示してみました。
①アメリカにガソリンスタンドは何軒あるでしょう？
②日本のチューインガムの市場規模はどのくらいか？
③日本には、何台のATMが設置されているか？
④EU地域でのプリンターの市場規模を推定せよ。
⑤日本では、毎年、何本の水巻（撒）きホースが売れているか？
⑥日本では毎年、何枚のトランクスが売れているか？

(3) マーケットの数字を推定する実践プロセス例

フェルミ推定におけるマーケット・サイジング問題の分類の考え方をまとめてみましょう。

問題のタイプとしては大きく分けると以下の3つの分類が考えやすいと思われますが、いずれにせよ基本情報をもとに国や地域において一般の人が納得する共通数字の存在がベースとなります。
①個体数（人口など）別ベース
②距離・面積・体積ベース
③何らかの測定値ベースの指標

その取り組み姿勢としては次の考え方が一般的です。
①正解は存在しない（特に将来見通しの場合）
②仮説がすべてであり、仮定は必要に応じて行う（論理はきちんと構成する）
③計算過程は切り上げ、切捨てる（計算式は論理構成を表すので、記録して明確にする）

フェルミ推定を行う時の注意すべきポイントを全体的にまとめると下記の3つになります。
①初期に使うデータベースはキチンとしたものを使う（引用できる数字を使用する）
②推定の根拠を明確にする（論理構成をしっかりする）
③2桁以上の数値は無意味（結果として、1桁以内の精度でよい）

具体的な計算のやり方とその回答例については、もともと正解というのはありませんが、筆者がセミナーや実際のコンサルティングで使っているフォーマットを1つ示しましょう（図付2-1）。

図付2-1　フェルミ推定実施のためのフォーマット例

用途（市場）	
使うデータベース	
アプローチへの論理構成	
推定の根拠1（単位）	
推定の根拠2（数量）	
計算（単価×数量）、概算値（2桁）	

3. ビジネスプラン（BP）において必要な技術要素の意味と知財マネジメント例

　ビジネスプラン（BP）の役割の中で知財関連知識の重要性がますます増大してきていることは、いうまでもありません。本項では、ビジネスプランの基礎として知財関係者が最低限知っておくべき技術と知財（マネジメント）とのかかわりの基本を解説します。

　保持技術だけでは、ビジネスプラン（以下BPとする）の目的が達成できない場合がよくあります。その場合には他社の技術を追加することで格段と強力なBPになることもあります。この場合には追加すべき技術要素の基本となる知財を明確化して、それを事業戦略の中で自主開発にすべきか他社からの調達にするかなどを明確にBPの中に入れ込んでいくことが大切です。
　一方、BP上において顧客価値を明確にする場合、現状で技術要素が足りている場合においても、将来的にその技術だけでは足りないと想定できる場合や、不測の事態における代替技術などのリスクヘッジについて知財ベースで検討してあればBPの信頼度が格段に増加します。
　重要なのは、「技術に価値があるのではなく、顧客ニーズに価値がある」ということを明確にして知財を位置付けることです。往々にして、ビジネスになれない技術者のつくるBPは技術それ自体の紹介のようなものが多いのですが、これでは儲けるイメージが出てこないのです。
　BPにおける技術の知財面の位置付けについて図付3－1に示しますが、顧客側価値と企業価値価値（付加価値）とに分けて把握し、BP上では知財を顧客価値との関係に力をいれて企業側価値と共に記述する必要があります。
　技術の差別化が大きいという特徴があるBPの場合には、往々にしてマーケットが萌芽期のものが対象となることが多いのです。このときは、マーケットの拡大や進化に従って、新しい技術やコア技術だけでなく、これらをサポートする周辺部分の技術に関する知財について積極的に先取りすることが知財マネジメントとして必要になってきます。
　このような顧客ニーズの先取りにつながる追加技術に関する知財の権利化は、ビジネス実現のためのポイントです。必須コアや基盤技術と、周辺技術と分け

図付3-1 ビジネスプラン上での技術の価値と知財価値

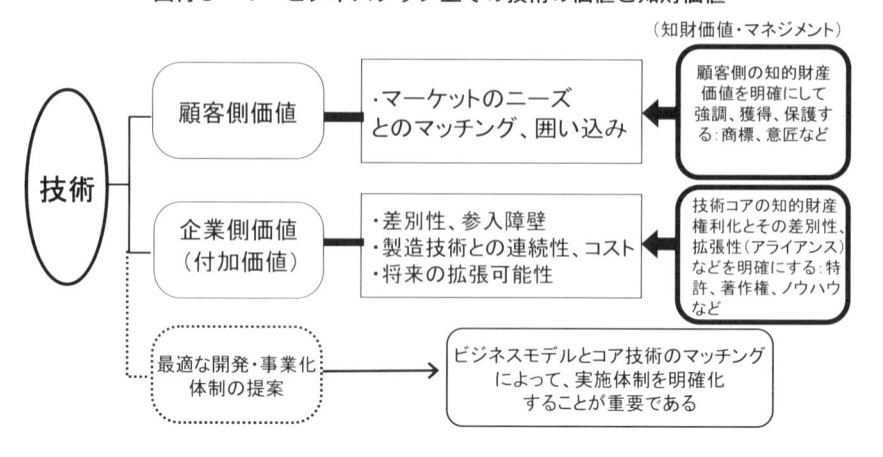

（知財価値・マネジメント）

技術
- 顧客側価値
  - ・マーケットのニーズとのマッチング、囲い込み
  - → 顧客側の知的財産価値を明確にして強調、獲得、保護する：商標、意匠など
- 企業側価値（付加価値）
  - ・差別性、参入障壁
  - ・製造技術との連続性、コスト
  - ・将来の拡張可能性
  - → 技術コアの知的財産権利化とその差別性、拡張性（アライアンス）などを明確にする：特許、著作権、ノウハウなど
- 最適な開発・事業化体制の提案 → ビジネスモデルとコア技術のマッチングによって、実施体制を明確化することが重要である

て、不足している技術があればその調達方法（自社開発、ライセンス提携、共同開発など）、調達（権利化）時期、それらに必要な経費も含め、タイムスケジュール的に具体的に BP 上に示すことが大切です。

　このことで BP の内容は実現可能性が高まる印象を読む人に与えます。この考え方は競合に対する競争優位を強化するためのポイントと、知財マネジメントをもとにしたアライアンス戦略そのものとして知財に対する調達指針となります。すなわちうまく知財戦略を示すことで少ない投資でリスクヘッジできることにもなります。

　従来は事業企画書（BP）において、知財が正面に出てくることは少なかったのですが、最近では特に新規事業やベンチャーの起業時の BP では、差別化技術による優位性と将来展開の可能性という意味で、知財の有無やそれによる競争力、協業（アライアンス）力の有無は必須の記載項目となっています。

謝辞

　本書の完成は多くの方々との議論の結果によるものであることをここで記して感謝します。

　筆者は特にイノベーションの創出という面で大企業での新規事業の立ち上げにかかわり、その後ベンチャー、中小企業での新規事業にも数多くかかわってきましたので知財については専門家ではありません。

　筆者に知財の基礎知識とMOT的視点での気付きを与えていただいたのは、早稲田大学での知財ナノ・IT・バイオ社会人講座の講師経験です。この時の講師・受講生として参画された多くの知財関係者にも感謝申し上げます。

　また、日本弁理士会における知財ビジネスアカデミーの場でも講師を務めさせていただき、多くの講師仲間や弁理士、企業の知財関係者などの受講生の皆さまにも、たくさんの気付きをいただきました。

　一方では筆者の母校でもあります東北大学においては大学院工学研究科を中心とした多くの先生方にご教示をいただくとともに、東北大のTLOでもある東北テクノアーチ株式会社においては非常勤役員として実践的なアプローチのお手伝いをさせていただいております。

　このように多くの知財関係者の皆様にこの場をかりて感謝申し上げたいと思います。

　本書の内容を議論は未だ発展途上の段階でですが、このような参考書が今のところ上梓されていないと理由もあり、知財に関心を持つ多くの人々に少しでも参考になることを願っております。

　最後になりましたが、本書の出版をお薦め頂いた発明協会の鴨井様には、本文の構成へのアドバイス、質疑応答集の作成など多大のご尽力をいただきました。厚くお礼申し上げたいと思います。

参考文献

(イノベーション全般の参考書)
- P・F・ドラッカーの各種著作、たとえば:「イノベーターの条件」「プロフェッショナルの条件」「チェンジング・リーダーの条件」など(ダイヤモンド社 2000年)
- バーゲルマン、クリステンセン等著:「技術とイノベーションの戦略的マネジメント(第4版日本語)」(翔泳社 2007年)
- クレイトン・クリステンセン著(伊豆原弓訳):「イノベーションのジレンマ」(翔泳社 2000年)
- ジェフリー・ムーア著:「キャズム」(翔泳社 2002年)
- H．チェスブロー著:「オープンイノベーション」(産業能率大学出版部 2004年)
- チルキー著(亀岡秋男監訳):「科学的経営のための実践的MOT」(日経BP社 2005年)

(フェルミ推定関係の参考書)
- 細谷功著:「地頭力を鍛える」(東洋経済新報社 2007年)
- 大石哲之著:「地頭力が強くなる!」(中経出版 2009年)
- 東大ケーススタデイ研究会編:「地頭を鍛えるフェルミ推定ノート」(東洋経済新報社 2009年)
- M．コゼンティーノ著:「戦略コンサルテング・ファームの面接試験」(ダイヤモンド社 2008年)

(著者のMOT関連著作)
- 「実践図解 最強のMOT戦略チャート」(秀和システム 2010年)
- 「技術経営の考え方:MOTと開発ベンチャーの現場から」(光文社新書 2004年)
- 「図解入門ビジネス 最新MOT(技術経営)の基本と実践がよ〜くわかる本」(秀和システム 2009年刊)

・「新事業創出のすすめ」（オプトロニクス社 2006年）
・「図解　独立・起業、成功プログラム」（秀和システム 2007年）
・「理科少年が仕事を変える、会社を救う」（彩流社 2008年）
・出川通著：「新事業のための技術ロードマップ作成マニュアル」（日本テクノセンター　限定版2010年）

（監修、共著本）
・「技術とイノベーションの戦略的マネジメント　上・下」監修、（翔泳社 2008年）
・「ザインエレクトロニクス　最強ベンチャー論」共著、（言視社 2011年）。
・「産業革新の源泉−ベンチャー企業が駆動するイノベーション・エコシステム」共著、（白桃書房 2009年）
・「【検証】東北大学・江刺研究室　最強の秘密」共著、（彩流社 2009年）
・「東工大・田辺研究室　他人実現の発想から」共著、（彩流社 2010年）など多数。

(著者略歴)

氏　　名　　出川　通（でがわ　とおる）
株式会社テクノ・インテグレーション　代表取締役社長

　1974年東北大学大学院材料加工学専攻終了。大手重工業メーカーにて、30年近くにわたり、新規事業を産学連携や日米のベンチャー企業と共同で企画段階から立ち上げいくつかの事業化に成功した。専門はMOT（技術経営）とマクロからナノまでの材料加工プロセス、工学博士。

　2004年に株式会社テクノ・インテグレーションを設立、代表取締役社長として、技術経営やイノベーションのマネジメント手法を用いて、開発・事業化のコンサルティングや研修を製造業向けに実践している。

　知財関係とのかかわりについては、早稲田大学知的財産戦略研究所客員教授として、ナノ・IT・バイオ知財経営戦略講座を担当、また弁理士会の知財ビジネスアカデミー講師（技術経営基礎、中小企業コンサルティング入門、ロードマップ講座ほか担当）、特許庁「地域における知財支援人材育成事業」委員、特許ビジネス市委員、INPITや発明協会の各種研修事業セミナー講師を歴任。

　併任として早稲田大学・東北大学・島根大学・大分大学・香川大学などの客員教授や名古屋大学・横浜国立大学非常勤講師などで学生、社会人、中小企業・ベンチャー経営者に実践MOTを講義すると共に複数のベンチャー・中小企業の役員、NEDO、JST各種評価委員や技術者教育関係団体の理事など多くの役職に就任。著書はMOT関係ほか多数あり、本書の参考文献参照。

HP：http://www.techno-ig.com
連絡先　degawa@techno-ig.com

カバーデザイン　株式会社丸井工文社

新事業とイノベーションにおける知財の活かし方
～MOT視点での知財マネジメント実践講座～

平成23年9月16日　初版　第1刷発行

著　　者　出川　通
©2011　DEGAWA Toru
発　　行　社団法人 発明協会

発 行 所　社団法人 発明協会
　　　　　所在地　〒105-0001 東京都港区虎ノ門2-9-14
　　　　　電　話　03-3502-5433（編集）03-3502-5491（販売）
　　　　　ＦＡＸ　03-5512-7567（販売）

印　　刷　株式会社丸井工文社　　Printed in Japan
乱丁・落丁本はお取り替えいたします。
ISBN 978-4-8271-1157-6 C3032
本書の全部または一部の無断複写複製を禁じます（著作権法上の例外を除く）。

発明協会 HP：http://www.jiii.or.jp